VIÊT-NAM

GRÜND

Remerciements

Maquette : Sue Storey
Photos faites spécialement pour cet ouvrage : James Murphy
Préparation des plats : Alyson Birch
Styliste : Sarah Wiley
Dessins : Paul Leith

Les éditeurs tiennent à remercier Hutchison Library qui les a autorisés à reproduire
les illustrations des pages 5 et 7

Texte original de Thai Dang Cao
Adaptation française d'Isabelle Macé

Première édition française 1988 par Librairie Gründ, Paris
© 1988 Libraire Gründ pour l'adaptation française
ISBN : 2-7000-6463-1
Dépôt légal : avril 1988
Édition originale 1987 par Octopus Books Ltd
© 1987 Octopus Books Ltd
Photocomposition : Marcel Bon, Vesoul
Imprimé par Mandarin Offset Hong Kong
Distribution : UNIMEX Co (46.80.92.93)

Sauf mention contraire, toutes les recettes sont pour 4 personnes

Page précédente : langoustines grillées (page 23)

Sommaire

Viêt-nam

On croit souvent, à tort, que la cuisine vietnamienne est identique à la cuisine chinoise. Dans cet ouvrage, Thai Dang Cao entend bien mettre fin à ce mythe. Il existe bien évidemment des similitudes entre les deux styles de cuisine dans la mesure où la Chine a dominé le Viêt-nam pendant plus de 1 000 ans, mais les plats vietnamiens ont cependant un caractère et un goût tout à fait spécifiques. D'autre part, malgré la présence française pendant un siècle et les ravages de la guerre civile et de la guerre du Viêt-nam de 1961-1973, la culture vietnamienne est restée presque intacte.

La cuisine, quant à elle, a intégré au cours des siècles de multiples influences : thaïlandaise, indonésienne, indienne et cantonaise, avec des nuances françaises. Le résultat est unique au monde.

Les plats mettent l'accent sur les produits frais et légers, et utilisent largement fruits et légumes tropicaux parfumés tout en évitant les matières grasses. Fruits d'une longue tradition, ils sont à la fois un reflet de l'histoire du Viêt-nam et une adaptation parfaite aux exigences culinaires contemporaines.

À droite : les pêcheurs vietnamiens jettent leurs filets

Les trois provinces

D'un point de vue géographique, le Viêt-nam est divisé en trois provinces distinctes possédant chacune sa cuisine individuelle. Le littoral couvre quelque 2 300 km de côtes qui fournissent aux trois régions poissons et fruits de mer frais en abondance. Le Viêt-nam est aussi sillonné de rivières, ce qui explique la grande consommation de poisson dans le pays. Le riz demeure l'aliment de base dans les trois provinces.

Au nord du Viêt-nam, la cuisine est nettement influencée par la Chine. De nombreux plats sont donc sautés et les curries sont doux et sucrés comme les curries chinois. Poisson et riz paddy abondent, mais le climat, moins chaud qu'au centre et au sud du pays, limite le choix de fruits et légumes exotiques. La cuisine est la plus somptueuse du pays. Elle est parfois qualifiée de cuisine de « banquet » à cause des plats élaborés extrêmement populaires servis lors des banquets de style chinois donnés dans cette région.

Hué, au cœur du pays, est l'ancienne capitale du Viêt-nam. Sa cuisine se distingue par une présentation magnifique et par des plats fortement épicés. Les hautes terres de cette région et le climat tempéré produisent des légumes de type occidental tels les asperges, les pommes de terre, les choux-fleurs et les artichauts.

Au sud, le climat chaud et humide et les terres fertiles fournissent une profusion de fruits et légumes exotiques, tandis que la rivière Mekong et son delta produisent, eux, l'indispensable poisson. La cuisine de cette région est plus simple que celles du centre et du nord, et les produits sont utilisés pour leur saveur propre au lieu d'être mélangés à d'autres ingrédients. De nombreux fruits et légumes sont mangés crus, ou cuits très légèrement pour permettre d'en apprécier la saveur naturelle, les couleurs et la texture. Les salades crues parfumées d'herbes aromatiques dominent la cuisine sud-vietnamienne, et les aliments sont frits rapidement dans une poêle, plutôt que cuits à la grande friture ou en ragoût. Les curries sont extrêmement forts et confectionnés à partir d'épices séchées selon la tradition indienne.

Ingrédients communs

Malgré les différences régionales dans les styles de cuisine, la plupart des habitudes alimentaires restent les mêmes partout et certains ingrédients et plats sont communs à tout le pays. Les Vietnamiens utilisent le *nuoc-mâm* comme les Chinois la sauce soja. Le nuoc-mâm est la sauce de poisson la plus relevée de toute l'Asie du Sud-Est. Il intervient dans de nombreux plats vietnamiens et sert aussi de condiment à table. Lorsqu'un plat ne semble pas assez salé, on rajoute tout simplement un peu de nuoc-mâm selon ses goûts. Agrémenté d'ail, de piments, de sucre et de citron vert ou de citron, il est appelé *nuoc cham*, une sauce encore plus forte que la précédente. L'ail et les piments sont deux des ingrédients communs à toute la cuisine vietnamienne, tout comme la citronnelle, la coriandre, la menthe ou le basilic. Les

bananes vertes, les noix de coco et les caramboles figurent souvent au menu, ainsi que d'autres fruits et légumes exotiques.

Repas vietnamiens

Au Viêt-nam, la journée commence de très bonne heure pour la plupart des gens, à la ville comme à la campagne. Le travail débute à 7 heures et le petit-déjeuner se mange souvent en chemin pour l'école ou pour le travail. Traditionnellement, c'était un repas très important. On y servait généralement de la soupe aux vermicelles de riz, ou du riz gluant à la campagne. Les Vietnamiens ont été fortement influencés par les Français dans leurs habitudes et il n'est pas rare aujourd'hui de les voir prendre leur premier repas à l'occidentale.

Le déjeuner est servi entre midi et 2 heures. Il s'agit là encore d'un repas important. On y sert généralement un bouillon à base de viande ou de crevettes garni de légumes frais. Le soleil de midi est extrêmement chaud et le potage aide à se rafraîchir. Il est très différent de la soupe appelée *pho* qui est, elle, réalisée à partir de bœuf, de nouilles et de légumes, et que les Vietnamiens consomment toute la journée. Parmi les autres plats servis au déjeuner figurent souvent un mélange de légumes sautés et un plat à base de fruits de mers, tels que des crevettes grillées ou du bœuf sauté aux pousses de bambou. Tous les plats sont apportés en même temps et chacun se sert soi-même. Le riz aromatique à longs grains accompagne tous les repas mais les nouilles ne sont servies qu'au petit-déjeuner ou comme en-cas pendant la journée.

Le dîner ressemble au déjeuner mais est souvent un peu plus consistant. Il se compose généralement d'un bol de riz, d'un plat de viande à base de poulet, de canard ou de porc par exemple, d'un plat de poisson, d'un plat de légumes sautés et d'un bol de soupe.

La viande est moins souvent servie que le poisson : le bœuf et l'agneau restent très chers, le poulet et le canard sont plus faciles à trouver et le porc est extrêmement prisé car les cochons vietnamiens se nourrissent de troncs de bananier qui leur donnent une chair succulente. Les différents plats proposés au cours d'un repas ont tous une saveur différente pour obtenir un ensemble très équilibré. Les desserts sont extrêmement rares : le dîner se termine généralement par des fruits frais. Les gâteaux et entremets sont consommés entre les repas.

Art de la table

Traditionnellement, les repas sont pris autour d'une table basse appelé *divan*, généralement en bois. Les hommes s'assoient sur leurs talons, tandis que les femmes replient les jambes sur le côté. Le repas est servi sur un set de table en paille. Les convives utilisent chacun un bol de type chinois et des baguettes placées à droite du bol. On trouve généralement sur la table une bouteille de nuoc-mâm ou un bol de nuoc-cham.

Le bol de riz est placé à côté de la maîtresse de maison qui en sert une petite portion à tous. Chacun se sert ensuite dans les autres plats. La soupe est bue

Ci-dessus : plantation de riz dans le nord du Viêt-nam. Le riz est au centre de la vie des Vietnamiens :
principale ressource agricole du pays, il se prête à de multiples préparations culinaires
et accompagne traditionnellement les plats de viande ou de poisson.
On en tire également un alcool, le choum, *équivalent du saké japonais ou du chao xing chinois.*
Le riz parfumé, à grains longs et au goût particulier, est réservé aux repas de fête.

directement au bol ou à la cuillère. Tous les autres plats se mangent avec des baguettes, jamais avec les doigts. Les aliments sont coupés en petits morceaux pendant leur préparation et les baguettes ne posent jamais de problèmes.

Toute la famille mange ensemble — excepté les très jeunes enfants qui sont généralement servis avant. Dès l'âge de cinq ou six ans, la plupart des enfants vietnamiens passent maîtres dans l'art de manier les baguettes. Les repas de fête, célébrant un mariage ou la nouvelle année par exemple, rassemblent un grand nombre de convives. La coutume veut que les hommes s'asseoient d'un côté de la table et les femmes de l'autre.

Les fêtes suivent le calendrier lunaire et les principaux festivals vietnamiens sont donc les mêmes qu'en Chine. La nouvelle année débute entre le 21 janvier et le 19 février. Elle donne lieu à un festin très spécial. Des bougies brûlent toute la nuit et des bâtons d'encens sont placés derrière les portes pour garantir aux familles une longue vie « douce jusqu'à la fin ». Les plats servis sont pratiquement les mêmes que pendant le reste de l'année. Ils sont toutefois plus abondants et plus soigneusement préparés. Le riz gluant est très populaire pendant les fêtes, tout comme les rouleaux de printemps. Fourrés de farce au crabe et plongés dans un bain d'huile, les *nems* vietnamiens, croustillants et dorés, sont servis enveloppés de feuilles de laitue avec des herbes aromatiques.

Matériel de cuisine

Les deux ustensiles les plus importants sont un grand couteau de cuisinier et un couperet. La plupart des plats vietnamiens sont cuits à la vapeur ou à l'eau dans une casserole ou sautés dans une poêle à fond épais. Il est également conseillé de conserver une paire de baguettes « de maître » (plus longues) pour préparer le repas. Enfin, pour piler les épices, le poisson et les crevettes, le mortier est de rigueur. Un robot de cuisine ou un mixeur donnent cependant des résultats similaires.

Produits vietnamiens

Agar-agar : extrait d'algues vendu sous forme de longs fils blancs ou de poudre dans les magasins orientaux. Les non-végétariens pourront le remplacer par de la gélatine. Utilisez-le avec précaution car une petite quantité d'agar-agar suffit à faire prendre un gros volume de liquide.

Alcool de riz : confectionné à partir de riz blanc cuit à la vapeur et fermenté, il est servi chaud (plongez tout simplement la bouteille dans de l'eau chaude pour la réchauffer) mais est aussi utilisé comme ingrédient ; vous pouvez le remplacer par du vin blanc sec.

Anis étoilé : fruit séché d'un arbre toujours vert, qui doit son nom à sa jolie forme. Les Vietnamiens l'utilisent dans les plats chinois.

Black Jack : colorant marron foncé utilisé dans les ragoûts à base de bœuf ou de porc, pour leur donner une couleur agréable et riche. On le trouve difficilement dans le commerce, mais il est facile à préparer (voir note page 24). Vous pouvez le remplacer par de la sauce soja.

Caramboles : fruits longs et cireux qui, lorsqu'ils sont coupés dans le sens de la largeur, comportent cinq nervures. Les tranches ont donc une forme étoilée. Le fruit vert apporte une certaine acidité aux légumes au vinaigre. Le fruit mûr, de couleur jaune, est mangé au dessert. Les caramboles sont vendues dans les magasins de fruits et légumes exotiques.

Champignons noirs : ils n'ont pas de saveur proprement dite et ne sont utilisés que pour leur texture et leur capacité à absorber très rapidement la saveur d'autres ingrédients du même plat. Laissez-les tremper avant de les utiliser.

Champignons parfumés : à ne pas confondre avec les champignons séchés. Ils sont vendus en paquets dans les magasins orientaux, souvent sous leur nom japonais de *shiitake*. Ils sont assez chers mais ne sont utilisés qu'en petites quantités étant donné leur saveur extrêmement prononcée. Faites-les tremper dans de l'eau tiède 30 minutes et ôtez leur pied avant de les utiliser.

Cinq-épices : assaisonnement aromatique de couleur rougeâtre tirant sur le brun, utilisé dans toute l'Asie du Sud-Est et surtout en Chine. Les cinq épices sont l'anis étoilé, les clous de girofle, la cannelle, le fenouil et le poivre du Sichuan. Utilisez-le avec précaution car il a un goût très prononcé.

Citronnelle : plante aromatique très souvent utilisée dans la cuisine orientale pour sa saveur et son arôme citronnés. Elle est vendue en feuilles dans les grands supermarchés et les épiceries orientales.

8

Curry (ou Cari) : mélange d'épices utilisé dans les curries vietnamiens. Il ne doit pas être remplacé par du curry indien que les Vietnamiens trouvent trop fort. Les curries thaïlandais et malais sont les plus appropriés. Leur parfum est doux.

Quelques-uns des ingrédients les plus utilisés :
1) Nouilles aux œufs
2) Vermicelles de riz
3) Chou chinois (bak choy)
4) Crabe
5) Radis noir
6) Citrons verts
7) Carambole
8) Racine de krachai
9) Saucisse chinoise
10) Langoustines
11) Citronnelle
12) Champignons parfumés
13) Pousses de bambou
14) Grosses crevettes
15) Pâte de soja rouge fermentée
16) Champignons noirs
17) Curry
18) Échalotes
19) Sucre de palme

9

Échalotes séchées : dans la cuisine vietnamienne, elles sont hachées finement puis plongées dans l'huile pour les faire dorer, et disposées sur certains plats pour servir de garniture. Vous pouvez utiliser des échalotes fraîches, mais leur parfum n'est pas tout à fait identique.

Essence de banane : parfum vendu en bouteille, disponible dans les supermarchés. On l'utilise dans les desserts pour intensifier le goût des bananes.

Haricots noirs salés : haricots de soja vendus en boîte et en pot, après avoir été cuits à la vapeur, épicés et fortement salés. Ils sont utilisés dans les plats chinois pour leur saveur salée — et leur valeur nutritive. Lorsqu'ils sont utilisés dans des plats réclamant une cuisson assez longue, tels que les ragoûts, ils sont conservés entiers. Dans les plats sautés, ils doivent être tout d'abord écrasés pour libérer rapidement toute leur saveur.

Jaque : fruit tropical jaune à la peau épineuse épaisse. Il doit être épluché puis dénoyauté. La chair très sucrée a une saveur unique. Ce fruit se mange seul ou avec d'autres fruits exotiques. Il est très populaire en Thaïlande et en Chine, tout comme au Viêt-nam. On le trouve frais en été ou en boîte dans la plupart des magasins orientaux.

Légumes au vinaigre : utilisés pour fourrer ou accompagner les rouleaux de printemps. Les Vietnamiens cuisent leurs légumes et les mettent en conserve eux-mêmes, mais cette opération demande beaucoup de temps et n'est rentable que si vous cuisinez régulièrement des plats vietnamiens. Vous pourrez les remplacer par des cornichons et des oignons au vinaigre hachés, et les mélanger à du chou et des carottes finement hachés, avant d'ajouter un peu de vinaigre.

Longanes : fruits succulents appartenant à la même famille que les litchis. Frais, ils ont une peau lisse de couleur jaune qu'on doit retirer avant de manger la chair. Le parfum de ces fruits est moins prononcé que celui des litchis, qu'ils peuvent remplacer dans certains cas. Les longanes frais sont vendus dans les grands supermarchés et les magasins de fruits et légumes exotiques ainsi que dans les boutiques orientales. Si vous n'arrivez pas à vous en procurer, utilisez des fruits en boîte ou séchés.

Mei Kuei Lu : liqueur chinoise utilisée dans les marinades. Elle supprime les impuretés et le sang, mais ne constitue pas un ingrédient essentiel. Vous pouvez la remplacer par de l'alcool de riz.

Nuoc-mâm : sauce de poisson relevée, confectionnée à partir d'anchois salés et de petits poissons salés et séchés dans des tonneaux au soleil. La sauce ainsi obtenue est très liquide et salée. Elle a un goût de poisson très prononcé qui met en valeur le goût des autres ingrédients. Elle peut aussi être utilisée comme condiment à table. Le *nuoc-cham* est obtenu en ajoutant au nuoc-mâm de l'ail, des piments, du sucre et du citron.

Papier de riz : feuilles sèches, fines et craquantes utilisées pour confectionner les rouleaux de printemps. Avant de les utiliser, trempez-les rapidement dans de l'eau froide. Peuvent être remplacées par des crêpes.

Pâtes de riz : épaisses, larges et plates, elles ressemblent aux pâtes italiennes. Elles sont vendues fraîches ou sèches dans les magasins orientaux. Les pâtes fraîches sont utilisées dans les plats sautés, alors que les pâtes sèches sont réservées aux soupes.

Pâte de soja rouge fermentée : à ne pas confondre avec la pâte de soja blanche fraîche. La pâte rouge est parfumée et colorée par des tomates et vendue en boîte dans les magasins orientaux. Son goût relevé ressemble à celui d'un fromage fort. On l'utilise dans les marinades de gibier et de poulet (jamais avec le porc ou le bœuf), lorsque la viande est ensuite grillée ou cuite au barbecue.

Pousses de bambou : vendues sous forme de rondelles en conserve. Elles sont marinées dans du vinaigre et des épices et ont donc un goût aigre et fort. Avant de les utiliser, laissez-les tremper dans de l'eau pour éliminer une partie de leur aigreur. Elles aromatisent bouillons, soupes et sauces et sont particulièrement appréciées avec le canard.

Radis noirs : également appelés radis japonais, *mooli* et *daikon*. Ils sont utilisés très souvent dans la cuisine orientale en tant que garniture ou légume. Ces radis minces, longs et blancs ont une texture croquante et une saveur unique au goût de noix.

Sauce barbecue : vendue en bouteille, elle est également utilisée dans la cuisine chinoise. De couleur rougeâtre, elle a un goût à la fois sucré et salé qui accompagne bien les aliments cuits au barbecue ou grillés.

Sauce d'huîtres : sauce à base d'huîtres et de sauce soja vendue en bouteille. Brune et épaisse, elle apporte une saveur supplémentaire aux plats, plus particulièrement aux plats de style chinois. Elle est le plus souvent utilisée avec les nouilles sautées et les légumes blanchis.

Sauce maggi : sauce vendue en bouteille dans de nombreux supermarchés. Cet assaisonnement occidental est très fréquemment utilisé dans la cuisine vietnamienne pour mettre en valeur le goût des autres ingrédients. Elle est également utilisée à table, tout comme le nuoc-mâm, et remplace parfois la sauce soja pour la viande. Utilisez-la avec précaution car elle est très salée — quelques gouttes suffisent.

Sauce aux prunes : vendue en bouteille dans le commerce, elle est utilisée dans les plats chinois pour sa saveur sucrée et épicée. Elle est confectionnée à partir de prunes, de sucre, de piments et de vinaigre et doit être utilisée avec précaution car certaines marques sont extrêmement fortes.

Sucre de palme : il est confectionné à partir de la sève des palmiers, bouillie jusqu'à ce qu'elle se cristallise, et façonnée ensuite en petites galettes. Pour l'utiliser, vous devez le râper, le broyer ou l'écraser. Il peut être remplacé par de la cassonade.

Saucisses chinoises : longues et minces, elles sont confectionnées à base de porc, puis séchées. Passez-les à la vapeur et coupez-les en rondelles fines avant de les utiliser.

Vermicelles de soja : nouilles transparentes extrêmement fines vendues sèches et utilisées dans de nombreux plats salés, plus particulièrement dans les soupes et pour garnir les rouleaux de printemps. Avant de les faire sauter ou frire, laissez-les tremper dans de l'eau pendant 10 minutes et égouttez-les.

Zestes de mandarine séchés : utilisés dans les plats chinois pour leur saveur forte et piquante. Ils sont vendus dans les magasins orientaux et peuvent être remplacés par des zestes frais (comptez alors deux fois plus de zestes).

Menus

Déjeuner de fête

Soupe de poulet aux vermicelles
Crevettes à la sauce tomate
Légumes au vinaigre et riz cuit à l'eau
Bœuf aux pousses de bambou
Aubergines sautées

Dîner de fête

Boulettes aux crevettes
Soupe de canard aux vermicelles
Rouget grillé
Brochettes de poulet aux cinq épices
Asperges au crabe
Riz cuit à l'eau
Avocats frappés au lait concentré

Buffet

Rouleaux de printemps frits sauce aux anchois
Toasts aux crevettes
Feuilles de laitue farcies
Beignets de crevettes
Salade de méduse
Salade de fruits exotiques

Barbecue

Langoustines grillées
Cailles aux épices
Feuilles de vigne farcies
Travers de porc à la citronnelle
Salade verte vietnamienne
Riz cuit à l'eau

Repas végétarien

Rouleaux de printemps végétariens
Champignons parfumés à l'aigre-douce
Soupe aux œufs
Pâte de soja à la tomate
Riz sauté aux œufs

Souper simple

Soupe de poulet aux champignons
Nouilles sautées à la vietnamienne
Omelette au crabe
Tomates farcies au hachis de porc

11

Soupes et entrées

Les plats décrits au début de ce chapitre peuvent être dégustés à tout moment de la journée, ou comme entrée dans un repas plus élaboré, et apportent un élément d'originalité dans un buffet ou un repas de fête. Les soupes peuvent être servies au début d'un repas vietnamien de style occidental comprenant trois plats ou constituer un plat unique léger.

Boulettes aux crevettes

Chao Tôm

Pâte de crevettes :
500 g de crevettes crues décortiquées, boyau retiré
(voir note page 13)
2 cuillères à café de sel
50 g de porc gras bouilli, en dés
1 petit oignon, haché
4 gousses d'ail écrasées
1/2 cuillère à café de levure chimique
1/2 cuillère à café de poivre blanc
1 pincée de glutamate de sodium (facultatif)
huile de friture

Pour servir :
feuilles de laitue
feuilles de coriandre fraîche
sauce barbecue
sauce aux prunes
cacahouètes grillées, broyées

Placez les crevettes dans un grand saladier avec le sel. Travaillez-les à la main en les pressant pour en exprimer le liquide. Transférez dans une passoire et rincez à l'eau froide. Séchez dans du papier absorbant, ou laissez-les sécher naturellement 1 heure.

Mettez-les avec le porc dans un mixeur ou un robot et broyez pour obtenir une pâte onctueuse. Transférez dans un saladier et ajoutez les autres ingrédients (sauf l'huile). Remuez bien.

Huilez-vous les mains et formez de petites boulettes de pâte de la taille d'un petit oignon. Réservez.

Chauffez l'huile dans une friteuse et mettez les boulettes à dorer, plusieurs à la fois. Sortez-les du bain de friture avec une écumoire et égouttez sur du papier absorbant. Servez avec des feuilles de laitue et de coriandre, et accompagnez des sauces, saupoudrées de cacahouètes.

Note : vous pouvez aussi cuire les boulettes 4-5 minutes à température modérée sous un gril. Retournez soigneusement les boulettes en cours de cuisson pour qu'elles cuisent uniformément.

Ailes de poulet au beurre d'ail

Canh Gâ Chiên Bo

16 ailes de poulet
5 cuillères à soupe de beurre
4 gousses d'ail écrasées
1 cuillère à café de sauce Maggi

Préparez le poulet en cassant chaque aile en deux au niveau de l'articulation. Incisez la chair et désossez les ailes.

Faites fondre 4 cuillères à soupe de beurre dans une poêle à frire, et laissez cuire le poulet à feu modéré 8-10 minutes, ou jusqu'à ce qu'il soit bien cuit. Sortez-le avec une écumoire et réservez.

Ajoutez le reste de beurre dans la poêle. Lorsqu'il grésille, mettez l'ail à dorer 3-4 minutes en remuant. Ajoutez la sauce et le poulet et laissez cuire 1 minute à feu vif, en remuant et en retournant les ailes pour les réchauffer uniformément. Servez aussitôt.

12

Rouleaux de printemps crus aux crevettes et boulettes aux crevettes

13

Rouleaux de printemps crus aux crevettes

Goi Cuôn

250 g de porc dans le filet
bouillon de légumes ou eau
50 g de vermicelles de riz
100 g de crevettes cuites décortiquées, boyau retiré
et coupées en deux dans la longueur (voir note)
50 g de germes de soja
12 feuilles de papier de riz
1 petite laitue, en lamelles
2 cuillères à soupe de feuilles de menthe fraîche,
en lamelles
3 cuillères à soupe de cacahouètes grillées, broyées
nuoc-mâm giam (voir rouleaux de printemps frits),
pour accompagner

Dans une casserole, couvrez le porc de bouillon et portez à ébullition. Baissez le feu et laissez mijoter 15-20 minutes, ou jusqu'à ce que le porc soit cuit. Laissez-le refroidir avant de le couper en fines lamelles.

Portez une grande casserole d'eau à ébullition et mettez les vermicelles à cuire 2-3 minutes, ou jusqu'à ce qu'ils soient tendres. Égouttez dans un chinois, rincez à l'eau froide et égouttez une nouvelle fois. Transférez dans un grand saladier et ajoutez le porc, les crevettes et le soja. Mélangez avec précaution.

Trempez rapidement une feuille de papier de riz dans de l'eau froide et étalez sur une surface de travail propre. Disposez la farce au centre de la feuille, à environ 2,5 cm des bords. Ajoutez de la laitue, de la menthe et des cacahouètes, puis repliez les bords et enroulez la feuille pour former une saucisse. Disposez les rouleaux sur un plat et servez avec le nuoc-mâm giam.

Note : pour préparer des crevettes crues, ôtez la tête puis décortiquez les crevettes en commençant du côté de la tête. Retirez la nervure centrale. Avec un couteau pointu, incisez légèrement les crevettes sur toute leur longueur, en vous arrêtant juste avant la queue. Ouvrez la chair et retirez le boyau central.

SOUPES ET ENTRÉES

Toasts aux crevettes

Bahn Mi Chiên Tôm

Pâte aux crevettes
(voir boulettes aux crevettes page 12)
6 tranches de pain de froment, sans la croûte
huile de friture

Préparez la pâte aux crevettes en suivant la recette, sans former de boulettes. Étalez-la uniformément sur le pain sans recouvrir l'extrême bord. Avec la lame d'un couteau, faites pénétrer la pâte dans le pain.

Chauffez l'huile dans une friteuse. À l'aide d'une truelle à poisson, faites-y glisser une tranche de pain. Lorsque les bords dorent, retournez-la avec précaution et laissez dorer. Sortez-la et égouttez-la sur du papier absorbant. Gardez au chaud et répétez l'opération pour les autres tranches. Coupez les toasts en mouillettes ou en carrés et servez aussitôt.

Rouleaux de printemps frits

Cha Giô

50 g de vermicelles de soja
15 g de champignons noirs séchés
25 g de champignons parfumés
150 g de porc haché
100 g de châtaignes d'eau en boîte, égouttées,
hachées
1 carotte moyenne, hachée
100 g de chair de crabe défaite en morceaux
1 oignon, haché
3 cuillères à café de sel
une grosse pincée de poivre noir fraîchement moulu
1 œuf
12 feuilles de papier de riz
eau ou œuf battu
huile de friture

Nuoc-mâm giam :
1 gousse d'ail, hachée grossièrement
1 piment frais, haché grossièrement
1 cuillère à soupe de nuoc-mâm
1 cuillère à café de jus de citron ou de vinaigre
1 cuillère à soupe d'eau tiède
1 cuillère à soupe de sucre

Pour servir :
feuilles de laitue
feuilles de menthe fraîche

Placez les vermicelles dans un grand saladier, couvrez d'eau tiède et laissez tremper 15 minutes. Mélangez les champignons dans un bol, couvrez d'eau tiède et laissez tremper 15 minutes. Lorsque les vermicelles et les champignons sont bien tendres, égouttez-les et hachez-les finement. Placez-les dans un grand saladier.

Ajoutez le porc, les châtaignes d'eau, la carotte, la chair de crabe et l'oignon. Remuez bien à la cuillère en bois.

Salez, poivrez et incorporez l'œuf. Travaillez à la main pour bien mélanger les ingrédients. Divisez le mélange en 12 portions égales et roulez chacune d'entre elles en boudin.

Trempez rapidement une feuille de papier de riz dans de l'eau froide, étalez-la sur une surface de travail propre. Placez un rouleau de farce à l'extrémité de la feuille, rabattez les côtés pour recouvrir la farce et roulez le tout. Collez les bords avec un peu d'eau. Confectionnez ainsi 12 rouleaux et réservez-les au frais.

Pour la sauce, mélangez bien tous les ingrédients.

Chauffez l'huile dans une friteuse et mettez les rouleaux à dorer, plusieurs à la fois. Égouttez-les dans une passoire et servez les rouleaux aussitôt, accompagnés de feuilles de laitue et de menthe, ainsi que de sauce dans laquelle vous les tremperez avant de les manger.

Note : ces délicieux rouleaux de printemps sont traditionnellement accompagnés de sauce soja ou de nuoc-mâm, aussi indispensable à la cuisine vietnamienne que le sel à la cuisine occidentale.

Soupe au crabe et aux asperges

Sup Cua Mang Tây

1,5 l de bouillon de poule
1 cuillère à café de sel
poivre noir fraîchement moulu
une pincée de glutamate de sodium (facultatif)
300 g de chair de crabe, défaite en morceaux
350 g de pointes d'asperges en boîte, égouttées,
coupées en deux
1 cuillère à soupe de maïzena
4 cuillères à soupe d'eau
1 blanc d'œuf battu

Portez le bouillon à ébullition dans une grande casserole et ajoutez le sel, le poivre, le glutamate de sodium, la chair de crabe et les asperges.

Dans une tasse, délayez la maïzena avec l'eau pour obtenir une crème. Versez-la dans la soupe et laissez cuire, en remuant sans cesse à la cuillère en bois, jusqu'à ce qu'elle épaississe. Laissez bouillir le mélange 2 minutes de plus en remuant de temps en temps.

En remuant, ajoutez le blanc d'œuf qui va former des filaments. Rectifiez l'assaisonnement et servez aussitôt.

Toasts aux crevettes et rouleaux de printemps frits

15

Soupe aux œufs

Sup Trung

25 g de champignons parfumés
1 l de bouillon de poule
350 g de pointes d'asperges en boîte, égouttées
1 cuillère à café de sel
une pincée de glutamate de sodium (facultatif)
3 œufs, battus
1 cuillère à café d'huile de sésame
200 g de cresson frais, lavé
poivre noir fraîchement moulu

Couvrez les champignons d'eau tiède. Laissez-les tremper 15 minutes et égouttez soigneusement. Émincez-les finement.

Portez le bouillon à ébullition. Ajoutez les asperges et les champignons et laissez cuire 2 minutes. Salez et ajoutez le glutamate de sodium.

Incorporez les œufs en remuant doucement. Poursuivez la cuisson 1 minute et ajoutez l'huile de sésame en remuant toujours.

Disposez les feuilles de cresson dans quatre bols et versez la soupe par-dessus. Poivrez et servez aussitôt.

Soupe de poulet aux champignons

Sup Nâm Gâ

1 l de bouillon de poule
2 blancs de poulet cuits, émincés
200 g de champignons parfumés
350 g de pointes d'asperge en boîte égouttées,
coupées en deux dans la longueur
sel
2-3 cuillères à soupe de nuoc-cham
une pincée de glutamate de sodium (facultatif)

Portez le bouillon à ébullition dans une grande casserole. Ajoutez le poulet, les champignons, les asperges et assaisonnez avec le sel, le nuoc-cham et le glutamate de sodium.

Baissez le feu et laissez mijoter 5 minutes. Servez aussitôt.

Soupe au bœuf et aux pâtes de riz

Pho

un morceau de 2-3 cm de gingembre
1 petit oignon
50 g de pâtes de riz
1 kg de jarret ou de poitrine de bœuf
1 1/2 cuillère à soupe de sel
2 l d'eau
1 sachet aromatique comprenant 5 clous de girofle,
3 grains d'anis étoilé et 10 graines de coriandre
100 g de filet de bœuf, en tranches très fines

Pour servir :
2 cuillères à soupe de ciboules, hachées
quelques feuilles de coriandre fraîche, hachées
4-6 cuillères à café de nuoc-mâm

Faites griller le gingembre sous un gril 15 minutes environ, ou jusqu'à ce que l'écorce noircisse. Laissez refroidir et grattez l'écorce. Râpez la chair et réservez-la. Préparez l'oignon non épluché de la même façon. Pelez-le lorsqu'il a refroidi et hachez la chair. Réservez-le.

Portez une grande casserole d'eau à ébullition et faites cuire les pâtes 3-5 minutes, jusqu'à ce qu'elles soient tendres. Égouttez dans un chinois, rincez à l'eau froide et égouttez de nouveau. Laissez les pâtes dans le chinois.

Placez le bœuf et le sel dans une casserole et couvrez d'eau. Portez à ébullition et laissez cuire 2 minutes à feu vif, puis égouttez. Rincez bien à l'eau froide, égouttez de nouveau et mettez le bœuf dans une casserole propre. Ajoutez 2 litres d'eau et faites bouillir. Baissez le feu et laissez mijoter 1 1/2 heure à découvert, jusqu'à ce que le liquide réduise d'un tiers.

Ajoutez les aromates, l'oignon et le gingembre, laissez mijoter 1 heure de plus, puis passez le bouillon.

Pour servir, réchauffez les pâtes avec de l'eau bouillante. Répartissez-les dans quatre bols et recouvrez d'une tranche de filet de bœuf. Couvrez de bouillon chaud, saupoudrez de ciboule et de coriandre et servez aussitôt avec un bol de nuoc-mâm.

Note : ce plat est une spécialité du nord du Viêt-nam. Chacun ajoute un peu de nuoc-mâm à son goût — en général une cuillère à café suffit. Pour en atténuer la saveur, ajoutez un peu de jus de citron.

Soupe de poisson épicée

Canh Chua Ca

250 g de filet de morue
2 l d'eau
4 cuillères à soupe de jus de citron
2 tomates, coupées en quatre et épépinées
1-2 piments frais, hachés

3 cuillères à soupe de nuoc-mâm
1 cuillère à café de sel
une pincée de glutamate de sodium (facultatif)
quelques feuilles de menthe, découpées

Placez la morue et l'eau dans une grande casserole et portez à ébullition. Baissez le feu et laissez mijoter 12-15 minutes ou jusqu'à ce que le poisson soit cuit (la chair doit se défaire facilement à la fourchette).

Hors du feu, ajoutez le jus de citron, les tomates, les piments, le nuoc-mâm, le sel et le glutamate de sodium. Versez la soupe dans une grande soupière chaude, saupoudrez de feuilles de menthe et servez aussitôt.

Soupe de poulet aux vermicelles

Miên Gâ

10 morceaux de champignons noirs
100 g de vermicelles de riz
1 poulet de 1,5 kg
3 cuillères à soupe de nuoc-mâm
1 cuillère à café de sel
une grosse pincée de glutamate de sodium (facultatif)

Pour servir :
2 ciboules, hachées
quelques feuilles de coriandre fraîche, hachées
poivre noir fraîchement moulu

Couvrez les champignons d'eau tiède. Laissez tremper 10 minutes avant d'égoutter. Émincez-les et réservez.

Portez une grande casserole d'eau à ébullition, plongez-y les vermicelles, baissez le feu et laissez mijoter 3-5 minutes. Égouttez dans un chinois, rincez à l'eau froide et égouttez de nouveau. Laissez les vermicelles dans le chinois.

Dans une grande casserole, couvrez le poulet d'eau (il doit se trouver 7-8 cm sous la surface) et portez à ébullition. Baissez le feu et laissez mijoter 1 1/2-2 heures, ou jusqu'à ce qu'il soit tendre. Sortez-le et laissez-le refroidir. Conservez le bouillon. Ôtez la peau du poulet froid et coupez la chair en tranches.

Dégraissez le bouillon avec une cuillère. (Vous pouvez aussi le laisser refroidir au réfrigérateur toute une nuit. La graisse est alors plus facile à enlever). Ajoutez le nuoc-mâm, le sel, le glutamate de sodium, les champignons et laissez mijoter 5 minutes de plus.

Pour servir, réchauffez les vermicelles avec de l'eau bouillante. Répartissez-les dans quatre bols et ajoutez quelques tranches de poulet. Couvrez de bouillon, saupoudrez de ciboules, de coriandre et de poivre et servez aussitôt.

Soupe au porc et aux crevettes

Hu Tiêu

25 g de crevettes séchées
50 g de pâtes de riz
250 g de côtes de porc découvertes
ou de jambonneau, en tranches
2 l d'eau
3 cuillères à soupe de nuoc-mâm
une grosse pincée de sel
une grosse pincée de glutamate de sodium (facultatif)

Pour servir :
2 cuillères à soupe de ciboules hachées
quelques feuilles de coriandre fraîche, découpées
huile de sésame

Couvrez les crevettes d'eau tiède et laissez tremper 15 minutes. Égouttez et réservez.

Portez une grande casserole d'eau à ébullition et faites cuire les pâtes 3-5 minutes, ou jusqu'à ce qu'elles soient tendres. Égouttez dans un chinois, rincez à l'eau froide et égouttez de nouveau. Laissez les pâtes dans le chinois.

Placez les crevettes et le porc dans une grande casserole et ajoutez l'eau. Portez à ébullition, baissez le feu et laissez mijoter 1 1/2 heure, jusqu'à ce que le bouillon réduise d'un tiers.

Passez le bouillon et ajoutez le nuoc-mâm, le sel et le glutamate de sodium.

Pour servir, réchauffez les pâtes avec de l'eau bouillante. Répartissez-les dans quatre bols, ajoutez 2-3 tranches de porc et couvrez de bouillon. Saupoudrez de ciboules, de coriandre et aromatisez d'huile de sésame. Servez aussitôt.

Soupe au porc et aux crevettes et soupe au bœuf et aux pâtes de riz

17

Soupe de canard aux vermicelles

Bun Sao Vit

100 g de pousses de bambou, en boîte
100 g de vermicelles de riz
1 canard de 1,5-2 kg
1 laitue croquante, en lanière
1/2 concombre, émincé
quelques feuilles de coriandre fraîche
quelques feuilles de menthe fraîche
3 cuillères à soupe de nuoc-mâm
1 cuillère à café de sel
poivre noir fraîchement moulu, pour assaisonner

Laissez tremper les pousses de bambou dans de l'eau tiède 20 minutes avant de les utiliser, égouttez et réservez.

Portez une grande casserole d'eau à ébullition, ajoutez les vermicelles, baissez le feu et laissez mijoter 3-5 minutes. Égouttez dans un chinois, rincez soigneusement à l'eau froide et égouttez de nouveau. Laissez les vermicelles dans le chinois.

Placez le canard dans une casserole assez profonde, couvrez d'eau (le canard doit se trouver 7-8 cm sous la surface) et portez à ébullition. Baissez le feu et laissez mijoter 1-1 1/2 heure environ, ou jusqu'à ce que le canard soit tendre. Sortez le canard et laissez refroidir. Conservez le bouillon.

Ôtez la peau du canard froid et coupez la chair en gros morceaux. Disposez-les dans un grand plat avec la laitue, le concombre, la coriandre et la menthe.

Dégraissez le bouillon de canard avec une cuillère. (Vous pouvez aussi le laisser refroidir au réfrigérateur toute une nuit. La graisse est alors plus facile à enlever). Assaisonnez le bouillon avec le nuoc-mâm, le sel et le poivre. Remuez bien et laissez mijoter 15 minutes.

Pour servir, réchauffez les vermicelles avec de l'eau bouillante. Répartissez-les dans quatre bols individuels et couvrez de bouillon. Servez la soupe accompagnée du plat de canard et des légumes afin que chacun puisse parfumer sa soupe à son goût.

Soupe de canard aux vermicelles et potage au riz

18

Potage au riz

Chao Gâ

1 poulet de 1,5 kg
100 g de riz longs grains, précuit
1 cuillère à café de nuoc-mâm
1 cuillère à café de sel
une pincée de glutamate de sodium (facultatif)

Pour servir :
3 ciboules hachées
poivre blanc

Placez le poulet dans une casserole assez profonde, couvrez-le d'eau (il doit se trouver 7-8 cm sous la surface) et portez à ébullition. Baissez le feu et laissez mijoter 1 1/2-2 heures environ, ou jusqu'à ce que le poulet soit tendre. Sortez-le et laissez refroidir. Ôtez ensuite la peau et coupez la chair en lamelles. Réservez-les. Laissez le bouillon refroidir légèrement.

Dégraissez le bouillon avec une cuillère. (Vous pouvez aussi le laisser refroidir au réfrigérateur toute une nuit. La graisse est alors plus facile à enlever). Remettez le bouillon sur le feu et portez à ébullition. Ajoutez le riz, baissez légèrement le feu et laissez cuire 15 minutes, jusqu'à ce que le riz soit bien tendre.

Ajoutez le nuoc-mâm, le sel, le glutamate de sodium, les lamelles de poulet et remuez bien. Laissez mijoter 5 minutes.

Transférez dans une soupière chaude, garnissez de ciboules et de poivre et servez aussitôt.

Potage épicé au canard

Chao Vit

1 canard de 1,5-2 kg
100 g de riz longs grains, précuit
1 cuillère à café de nuoc-mâm
1 cuillère à café de sel
une pincée de glutamate de sodium (facultatif)
2 cuillères à soupe de ciboules hachées

Nuoc-mâm au gingembre :
2-3 rondelles de gingembre, épluchées
2 piments frais, hachés grossièrement
1 cuillère à soupe de jus de citron ou de vinaigre
1 cuillère à soupe de nuoc-mâm
5 cuillères à café de sucre
1 cuillère à soupe d'eau tiède

Placez le canard dans une casserole assez profonde, couvrez d'eau (il doit se trouver 7-8 cm sous la surface) et portez à ébullition. Baissez le feu et laissez mijoter 1-1 1/2 heure ou jusqu'à ce que le canard soit tendre. Sortez le canard et laissez refroidir. Conservez le bouillon.

Ôtez la peau du canard froid et coupez la chair en grosses tranches. Disposez-les dans un plat.

Dégraissez le bouillon avec une cuillère. (Vous pouvez aussi le laisser refroidir au réfrigérateur toute une nuit. La graisse est alors plus facile à enlever). Remettez le bouillon sur le feu et portez à ébullition. Ajoutez le riz, baissez légèrement le feu et laissez cuire 15 minutes jusqu'à ce que le riz soit tendre.

Pendant ce temps, broyez le gingembre et les piments dans un mixeur, ou pilez-les dans un mortier. Transférez-les dans un petit saladier, ajoutez les autres ingrédients de la sauce et mélangez bien. Réservez.

Versez le nuoc-mâm, le sel et le glutamate de sodium dans le potage. Remuez bien et laissez mijoter 5 minutes.

Versez le potage dans quatre bols individuels, saupoudrez de ciboules et servez aussitôt, accompagné du plat de canard. Chacun en trempera des morceaux dans le nuoc-mâm au gingembre avant de les manger.

Poisson et fruits de mer

Les meilleurs plats vietnamiens font en général appel à des poissons de toutes sortes préparés de manière originale : les calamars farcis offrent un délicieux mélange de textures et de saveurs tandis que le poisson au caramel séduit par sa combinaison de parfums pour le moins inhabituelle. On trouve également une grande variété de plats à base de crevettes, de crabe, de langoustines et de poissons tels que le bar, l'anguille et la dorade : ils sont tous idéaux pour un repas de fête.

Beignets de crevettes

Tôm Chiên Bôt

24 crevettes décortiquées, boyau retiré
(voir Rouleaux de printemps crus aux crevettes)
huile de friture

Pâte à frire :
40 g de farine contenant de la levure chimique
1 cuillère à soupe rase de farine ordinaire
une pincée de sel
une pincée de glutamate de sodium (facultatif)
2 cuillères à café d'huile
35 cl d'eau
1 blanc d'œuf, battu en neige ferme

Pour servir :
12 cl de jus de citron ou de sauce aux piments

Séchez les crevettes dans du papier absorbant. Ouvrez chaque crevette dans la longueur pour obtenir un « papillon ». Réservez.

Mettez les farines, le sel, le glutamate de sodium, l'huile et l'eau dans un saladier, et battez-les pour obtenir une pâte onctueuse. Incorporez le blanc d'œuf et laissez reposer 30 minutes.

Chauffez l'huile dans une friteuse. Saisissez une crevette par le bout de la queue, trempez-la dans la pâte à frire et plongez-la avec précaution dans l'huile brûlante. Mettez plusieurs beignets de crevettes à cuire en même temps, jusqu'à ce qu'ils gonflent et qu'ils dorent.

Egouttez les beignets sur du papier absorbant et servez aussitôt avec du jus de citron ou de la sauce aux piments.

Note : vous pouvez remplacer les crevettes par des pinces de crabe décortiquées.

Crevettes épicées

Tôm Xâo Cay

5 cuillères à soupe d'huile
2 gousses d'ail écrasées
1/2 oignon, haché
500 g de crevettes crues, décortiquées, boyau retiré
(voir Rouleaux de printemps crus aux crevettes)
2 cuillères à soupe de nuoc-mâm
une grosse pincée de poivre blanc
12 grains de poivre, légèrement écrasés
une pincée de glutamate de sodium (facultatif)
1 cuillère à café de sucre
4 piments frais, hachés
18 cl de bouillon de poule

Chauffez l'huile dans une casserole et mettez l'ail et l'oignon à dorer 3-4 minutes. Ajoutez les crevettes et laissez cuire 1 minute en remuant.

Ajoutez les autres ingrédients et laissez mijoter 5-6 minutes en remuant de temps en temps, ou jusqu'à ce que le liquide réduise et forme une sauce épaisse.

Servez aussitôt avec du riz par exemple.

Crevettes à la sauce tomate et beignets de crevettes

Crevettes à la sauce tomate

Tôm Rang

*500 g de crevettes crues, décortiquées, boyau retiré
(voir Rouleaux de printemps crus aux crevettes)
4 cuillères à soupe d'huile
2 gousses d'ail, écrasées
2 échalotes, hachées
100 g de tomates pelées en boîte, ou 3 tomates
fraîches pelées, épépinées et hachées
1 cuillère à soupe de sauce soja
une pincée de sel
une grosse pincée de sucre
1 cuillère à soupe de nuoc-mâm
25 cl d'eau
poivre noir fraîchement moulu*

Pour servir :
*légumes au vinaigre
riz cuit à l'eau*

Lavez les crevettes et séchez-les dans du papier absorbant.

Chauffez l'huile dans une grande poêle à frire et mettez la moitié de l'ail et des échalotes à dorer 3-4 minutes. Baissez le feu, ajoutez les crevettes et laissez-les cuire 2-3 minutes jusqu'à ce qu'elles rosissent. Sortez les crevettes avec une écumoire et gardez-les au chaud pendant que vous préparez la sauce.

Faites frire 2-3 minutes le reste de l'ail et des échalotes dans la poêle. Ajoutez les tomates, la sauce soja, le sel, le sucre et le nuoc-mâm, en remuant. Vous devez obtenir une sauce à la fois riche et salée.

Ajoutez l'eau et les crevettes au mélange et portez à ébullition. Baissez le feu et laissez mijoter 3-4 minutes, ou jusqu'à ce que le liquide réduise légèrement et forme une sauce épaisse.

Transférez dans un plat de service, saupoudrez de poivre et garnissez de légumes au vinaigre. Servez ce plat aussitôt avec du riz.

Calamars farcis

Muc Dôn Thit

12 calamars moyens, sans la tête, nettoyés
25 g de vermicelles de riz
8 morceaux de champignons parfumés
15 g de champignons noirs séchés
150 g de porc haché
4 cuillères à soupe de châtaignes d'eau, hachées
1 gousse d'ail écrasée
1/2 oignon, haché
une grosse pincée de sel
une grosse pincée de poivre noir fraîchement moulu
une grosse pincée de sucre
1 cuillère à soupe de nuoc-mâm
1 œuf, battu
huile de friture
nuoc-mâm giam (voir Rouleaux de printemps frits),
pour servir

Préparez les calamars en les frottant de sel pour enlever la peau. Retirez avec précaution les plumes pour conserver les calamars entiers. Lavez-les soigneusement et séchez-les dans du papier absorbant.

Couvrez les vermicelles d'eau tiède et laissez ramollir 15 minutes. A part, faites tremper les champignons 15 minutes dans de l'eau tiède. Lorsque vermicelles et champignons sont tendres, égouttez-les, hachez-les et placez-les dans un grand saladier.

Ajoutez le porc, les châtaignes, l'ail, l'oignon, puis le sel, le poivre, le sucre et le nuoc-mâm. Mélangez bien. Liez avec l'œuf.

Farcissez chaque calamar modérément, car il risquerait de se déchirer, au moyen d'un bâtonnet en bois.

Disposez les calamars dans le panier d'une cocotte à vapeur contenant de l'eau bouillante, et faites cuire 15 minutes à la vapeur. Laissez refroidir. Chauffez l'huile dans une friteuse et mettez les calamars à dorer, plusieurs à la fois.

Pour servir, découpez les calamars en tranches bien nettes et disposez-les dans un plat de service. Servez avec un bol de nuoc-mâm giam dans lequel chacun trempera les tranches de calamar.

Langoustines grillées

22

Pinces de crabe frites

Câng Cua Boc Tôm Bâm

pâte aux crevettes (voir Boulettes aux crevettes)
12 pinces de crabe décortiquées et cuites
huile de friture
sauce barbecue ou aux prunes, pour servir

Huilez-vous les mains et enrobez les pinces de crabe de pâte aux crevettes.

Chauffez l'huile dans une friteuse et mettez-y les pinces à dorer, plusieurs à la fois. Une fois dorées, sortez-les avec une écumoire, et égouttez-les sur du papier absorbant.

Servez chaud avec de la sauce barbecue ou de la sauce aux prunes.

Note : vous pouvez aussi passer rapidement les pinces de crabe sous un gril 3-4 minutes. Retournez-les avec précaution à mi-cuisson.

Langoustines grillées

Tôm Câng Nuong

huile de friture
12 grosses langoustines, nettoyées
100 g de porc gras bouilli, coupé en 16 cubes
2 cuillères à soupe d'échalotes hachées
2 cuillères à soupe de tiges de ciboule, hachées
2 cuillères à soupe de cacahouètes grillées,
concassées
24 feuilles de papier de riz
1 laitue croquante, en lanières
1/2 concombre, émincé
quelques feuilles de menthe fraîche
quelques feuilles de coriandre fraîche
nuoc-mâm giam (voir Rouleaux de printemps frits),
pour servir

Chauffez l'huile dans une friteuse et faites frire les langoustines 30-45 secondes. Sortez-les avec une écumoire et égouttez sur du papier absorbant. Baissez le feu au maximum.

Laissez refroidir les langoustines, puis décortiquez-les et retirez le boyau (voir note page 13). Coupez-les en deux dans la longueur.

Enfilez 3 demi-langoustines et 4 cubes de porc sur 4 brochettes en les alternant (commencez et terminez par du porc).

Mettez les échalotes et les ciboules dans un bol. Avec une louche, prélevez un peu d'huile de friture encore chaude et versez-la dans le bol. Mélangez bien.

Disposez les brochettes sur une grille au-dessus de braises moyennes à vives, ou sous un gril. Enrobez-les généreusement d'huile parfumée avec un pinceau, et laissez cuire 5-8 minutes en les retournant fréquemment. Huilez-les plusieurs fois en cours de cuisson.

Pendant ce temps, passez rapidement les feuilles de papier de riz dans de l'eau tiède, une par une. Secouez-les pour supprimer l'excédent d'eau, et disposez-les dans un grand plat avec la laitue, le concombre, la menthe et la coriandre. Versez le nuoc-mâm giam dans un bol.

Une fois les langoustines cuites, enlevez-les des brochettes, disposez-les dans un second plat et servez. Chacun confectionnera son propre rouleau en farcissant une feuille de papier de riz de langoustines et d'un assortiment de légumes, avant de le tremper dans le nuoc-mâm giam.

Boulettes d'anguille

Luon Um

1 anguille de 750 g
18 cl de vin de riz
25 g de vermicelles de riz
25 g de champignons noirs séchés
100 g de porc haché
1 oignon, haché
sel
poivre noir fraîchement moulu
35 cl de crème de noix de coco
2 cuillères à soupe de cacahouètes grillées,
concassées

Lever les filets de l'anguille et nettoyez la peau en la frottant de vin sur toute sa surface. Réservez.

Dans un saladier, couvrez les vermicelles d'eau tiède et laissez refroidir 15 minutes. A part, faites tremper les champignons dans de l'eau tiède 15 minutes. Lorsque les vermicelles et les champignons sont bien tendres, égouttez-les soigneusement, hachez-les et mettez-les dans un grand saladier.

Ajoutez le porc haché et l'oignon. Remuez bien. Salez et poivrez, puis travaillez le mélange à la main pour former des boulettes.

Détaillez les filets de poisson en bandes assez larges pour recouvrir les boulettes. Enroulez chaque bande autour d'une boulette et fermez le tout avec une ficelle.

Disposez les boulettes d'anguilles dans le panier d'une cocotte à vapeur contenant de l'eau bouillante, et laissez cuire 30 minutes à la vapeur.

Pendant ce temps, faites chauffer la crème de noix de coco dans une petite casserole. Salez et poivrez à votre goût.

Disposez les boulettes dans un plat chaud, arrosez de crème de noix de coco et saupoudrez de cacahouètes.

Note : La crème de noix de coco est vendue en bouteille ou en boîte, mais vous pouvez la confectionner vous-même : mélangez 400 g de pulpe de noix de coco râpée avec 90 cl de lait dans une casserole. Laissez mijoter à feu doux en remuant de temps en temps jusqu'à ce que le liquide réduise d'un tiers. Passez le lait au chinois en pressant le mélange pour extraire le plus de liquide possible, puis versez le lait dans un saladier et mettez-le à refroidir au réfrigérateur. Écumez la « crème » plus épaisse qui se forme à la surface pour en obtenir 35 cl (dans cette recette). Le reste du liquide forme le lait de coco.

23

Bar à la vapeur

Ca Hâp

25 g de vermicelles de riz
4 champignons parfumés
4 rondelles de gingembre, émincées
1/2 cuillère à café de haricots noirs fermentés
1/2 oignon, en rondelles
1 cuillère à café de sucre
12 cl d'eau
1 bar de 1,5 kg vidé et nettoyé,
ou 4 darnes de cabillaud
feuilles de coriandre et de basilic pour garnir

Placez les vermicelles dans un saladier, couvrez d'eau tiède et laissez ramollir 15 minutes. A part, faites tremper les champignons dans de l'eau tiède 15 minutes. Lorsque les vermicelles et les champignons sont tendres, égouttez-les soigneusement. Coupez les vermicelles en plusieurs morceaux et les champignons en gros quartiers.

Dans un saladier, mélangez les vermicelles, les champignons, le gingembre, les haricots, l'oignon, le sucre et l'eau.

Placez le poisson dans un plat creux et mettez le tout dans une cocotte à vapeur, versez le mélange à base de vermicelles par-dessus, et laissez cuire à la vapeur 10 minutes par 500 g, ou jusqu'à ce que la chair du poisson se défasse facilement à la fourchette.

Transférez le tout dans un plat chaud, garnissez de coriandre et servez aussitôt.

Poisson au caramel

Ca Kho

500 g de poisson à chair ferme (saumon, bar
ou maquereau), nettoyé, en filets
5 cuillères à soupe d'huile
2 échalotes, émincées
2 radis noirs, épluchés, en rondelles fines
un morceau de gingembre, émincé
2 cuillères à soupe de nuoc-mâm
1 cuillère à café de black Jack (voir note)
une grosse pincée de poivre noir fraîchement moulu
riz cuit à l'eau, pour accompagner

Découpez le poisson en gros morceaux de 5 cm d'épaisseur.

Chauffez l'huile dans une poêle et mettez les échalotes à blondir 2-3 minutes sans les laisser dorer. Ajoutez les radis et le gingembre puis couvrez des morceaux de poisson.

Mélangez le nuoc-mâm, le black Jack et le poivre dans un petit bol. Incorporez 4 cuillères à soupe d'eau en remuant.

Versez ce mélange sur le poisson et ajoutez un peu d'eau pour que le poisson soit tout juste recouvert.

Portez à ébullition, baissez le feu et laissez mijoter 20 minutes en tournant plusieurs fois le poisson avec précaution. Le liquide de cuisson doit former une sauce épaisse et parfumée. Servez chaud ou froid, accompagné de riz.

Note : le black Jack est un caramel très coloré vendu en pot dans le commerce. Si vous n'arrivez pas à vous en procurer, faites chauffer 1 cuillère à soupe de sucre avec 1 cuillère à café d'eau dans une casserole à fond épais jusqu'à ce que le sucre brunisse. Hors du feu, ajoutez avec précaution 2 cuillères à soupe d'eau froide en remuant. Il est conseillé de se protéger les mains des éclaboussures avec des gants épais.

Asperges au crabe

Thit Cua Xâo Mang Tây Hôp

12 asperges vertes fraîches
12 cl de bouillon de poule
sel
poivre noir fraîchement moulu
une pincée de glutamate de sodium (facultatif)
1 cuillère à soupe de maïzena
2 cuillères à soupe d'eau
250 g de chair de crabe, défaite en morceaux
1 blanc d'œuf battu
1 grosse cuillère à café d'huile de sésame

Pelez les asperges, rompez les pointes et coupez les parties plus dures en morceaux de 2 cm de long. Portez une casserole d'eau à ébullition, plongez-y les asperges, baissez le feu et laissez mijoter 5-10 minutes jusqu'à ce qu'elles soient tendres mais fermes.

Pendant ce temps, portez le bouillon à ébullition dans une autre casserole. Salez, poivrez et ajoutez le glutamate de sodium.

Dans une tasse, délayez la maïzena avec l'eau pour obtenir une crème. Versez dans le bouillon et laissez cuire, en remuant, jusqu'à ce qu'il épaississe.

Ajoutez la chair de crabe, baissez le feu et laissez mijoter 2 minutes. Incorporez délicatement le blanc d'œuf et 1 cuillère à café d'huile.

Égouttez les asperges et répartissez-les dans quatre assiettes. Versez une portion de sauce au crabe aromatisée de quelques gouttes d'huile supplémentaires dans chaque assiette, et saupoudrez de poivre. Servez aussitôt.

Note : vous pouvez remplacer les asperges fraîches par 350 g de pointes d'asperge en boîte, égouttées et coupées en deux.

24

Bar à la vapeur et poisson au caramel

25

Crabe aux châtaignes d'eau

Thit Cua Hâp Voi Ma Thây

250 g de vermicelles de soja
3 gros crabes cuits
100 g de châtaignes d'eau en boîte, égouttées
et hachées grossièrement
1 oignon, en rondelles fines
2 œufs, battus
sel et poivre noir fraîchement moulu
2-3 cuillères à soupe de nuoc cham
1 cuillère à café de sucre
huile
quelques feuilles de coriandre, pour garnir

Placez les vermicelles dans un grand saladier, couvrez d'eau tiède et laissez tremper 15 minutes. Égouttez-les et coupez-les en morceaux de 1 cm de long. Réservez.

Brisez pattes et carapaces des crabes et ôtez-en soigneusement la chair pour la transférer dans un grand saladier. Ajoutez les châtaignes d'eau, les vermicelles, l'oignon et les œufs et remuez bien. Assaisonnez avec le sel, le poivre, le nuoc cham et le sucre et laissez reposer 15 minutes.

Graissez généreusement un plat en terre avec de l'huile, disposez le mélange à base de crabe au fond et appuyez fermement. Mettez le plat dans une cocotte à vapeur contenant de l'eau bouillante. Faites cuire à la vapeur 15 minutes.

Servez le crabe chaud garni de feuilles de coriandre.

Sardines frites

Ca Sac - Din Chiên

4 sardines, nettoyées
5 cuillères à soupe de farine
1 cuillère à café de levure chimique
1 cuillère à café de sel
une grosse pincée de poivre noir fraîchement moulu
1 cuillère à café de glutamate de sodium (facultatif)
huile de friture
2 cuillères à soupe d'huile
1 échalote, émincée
1 piment frais, nettoyé et haché
nuoc-mâm giam (voir page 14) pour servir

Séchez les sardines dans du papier absorbant.

Dans un saladier, mélangez la farine, la levure, le sel, le poivre et le glutamate de sodium, puis les poissons et mélangez pour bien les enrober de farine. Laissez reposer 15 minutes.

Chauffez l'huile dans une friteuse. Plongez-y délicatement une (ou deux) sardine. Dès qu'elle est bien dorée, égouttez-la sur du papier absorbant. Procédez de même pour les autres sardines. Disposez-les dans un plat de service chaud et réservez.

Chauffez 2 cuillères à soupe d'huile dans une petite poêle à frire. Ajoutez l'échalote et le piment et laissez cuire 1 minute, jusqu'à ce que les échalotes dorent. Versez ce mélange sur les sardines et servez aussitôt avec de la sauce nuoc-mâm giam. Chacun y trempera son poisson avant de le manger.

Pieuvre sautée au céleri et aux tomates

Muc Xâo Cân Tây Voi Câ Chua

500 g de pieuvre
25 cl d'huile
5 branches de céleri, coupées diagonalement en morceaux de 1 cm
1-2 gousses d'ail, écrasées
25 cl de bouillon de poule
une grosse pincée de sel
une grosse pincée de sucre
une pincée de glutamate de sodium (facultatif)
3 tomates, pelées et coupées en quatre
une grosse pincée de maïzena
3 cuillères à soupe d'eau

Pour servir :
feuilles de coriandre fraîche
poivre blanc

Coupez les tentacules de la pieuvre en petits morceaux. Réservez-les. Si nécessaire, retirez les intestins et la poche d'encre, puis enlevez les yeux et le bec. Coupez la chair en tranches fines et larges.

Chauffez l'huile dans une grande poêle à frire, ajoutez les morceaux de pieuvre et laissez-les frire doucement 10 minutes. Avec une écumoire, transférez-les dans un plat et réservez.

Faites revenir rapidement le céleri dans la poêle (10 secondes suffisent). Sortez-le avec une écumoire et réservez.

Conservez la valeur de 5 cuillères à soupe d'huile dans la poêle, et jetez-y l'ail écrasé et les morceaux de pieuvre. Faites-les revenir 30 secondes en remuant avant d'ajouter le bouillon, le sel, le sucre, le glutamate de sodium et les tomates.

Baissez le feu et laissez cuire 10-15 minutes, ou jusqu'à ce que la chair de la pieuvre soit tendre. Ajoutez le céleri et poursuivez la cuisson 2 minutes.

Dans une tasse, délayez la maïzena avec l'eau pour obtenir une crème. Versez dans la poêle et laissez cuire, en remuant, jusqu'à ce que la sauce épaississe.

Transférez ce mélange dans un plat de service. Garnissez de coriandre, poivrez et servez aussitôt.

Dorade à la citronnelle

Ca Muoi Xa Ot

1 dorade de 1,5-2 kg, nettoyée et écaillée
sel
2 cuillères à soupe de citronnelle, hachée
6 cuillères à soupe d'huile
une grosse pincée de poivre noir fraîchement moulu

Pour servir :
riz cuit à l'eau
légumes au vinaigre
nuoc-mâm giam (voir page 14)

Frottez la peau de la dorade avec du sel et rincez soigneusement l'intérieur et l'extérieur à l'eau froide. Égouttez et laissez sécher.

Pendant ce temps, mélangez la citronnelle, 2 cuillères à soupe d'huile, une grosse pincée de sel et le poivre dans un bol.

Incisez la peau en plusieurs endroits sur le dos du poisson pour lui permettre d'absorber la sauce pendant la cuisson. Frottez le poisson du mélange à base de citronnelle pour en imprégner la chair. Transférez la dorade dans un plat creux et réservez 15 minutes.

Chauffez le reste d'huile dans une grande poêle à frire et glissez-y le poisson. Laissez-le cuire à feu modéré 10-15 minutes en le retournant à mi-cuisson, jusqu'à ce que la chair se défasse facilement à la fourchette.

Transférez le poisson dans un plat chaud et servez aussitôt avec du riz, des légumes au vinaigre et du nuoc-mâm giam.

Dorade à la citronnelle et pieuvre sautée au céleri et aux tomates

27

Rouget grillé

Ca Nuong

50 g de vermicelles de riz
4 rougets, vidés et nettoyés
sel
1 cuillère à café d'huile
50 g de beurre
2 échalotes, hachées
2 cuillères à soupe de tiges de ciboule, hachées
1 cuillère à soupe de cacahouètes grillées,
concassées

Pour servir :
feuilles de laitue
1/2 concombre, émincé
feuilles de menthe fraîche
nuoc-mâm giam (voir page 14)

Portez une grande casserole d'eau à ébullition et faites cuire les vermicelles 3-5 minutes, ou jusqu'à ce qu'ils soient tendres. Égouttez dans un chinois, rincez à l'eau froide et égouttez de nouveau. Disposez les vermicelles dans un grand plat avec les feuilles de laitue, les tranches de concombre et la menthe.

Incisez chaque poisson le long de l'arête dorsale et saupoudrez de sel. Placez les poissons sur une grille généreusement huilée et faites cuire sous un gril 2 minutes de chaque côté. La chair du poisson doit se défaire facilement à la fourchette.

Faites fondre le beurre dans une petite poêle à frire et faites revenir les échalotes et la ciboule quelques secondes en remuant.

Transférez les poissons dans un plat chaud, arrosez de beurre et saupoudrez légèrement de cacahouètes. Servez aussitôt avec les vermicelles et les légumes.

Chacun farcira une feuille de laitue de poisson, de vermicelles, de concombre et de menthe avant de tremper le rouleau ainsi formé dans le nuoc-mâm giam.

Note : vous pouvez, si vous le voulez, enrichir le nuoc-mâm giam d'une gousse d'ail écrasée et d'un piment frais haché. Pour un repas plus formel, servez le poisson sur un lit de riz et accompagnez de nuoc-mâm giam.

Viande et volaille

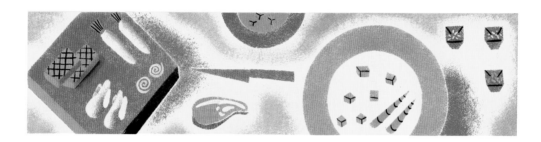

Au Viêt-nam, la viande est cuisinée de façon différente : saveurs riches et épicées, combinaisons de textures croquantes et tendres, mélanges subtils d'arômes acides et sucrés, pour ne citer que quelques aspects originaux. Le bœuf est utilisé plus fréquemment que dans la cuisine chinoise. Poulet et porc sont aussi largement représentés mais on trouve également plusieurs recettes de gibier.

Poulet à la citronnelle

Thit Gâ Hâm Xa

1 poulet de 1,5 kg
5 cuillères à soupe d'huile
6 gousses d'ail écrasées
2 échalotes, émincées
60 à 75 cl d'eau
1 cuillère à café de sel
3 feuilles de citronnelle, hachées
3 feuilles de laurier
nuoc-mâm
sel et poivre noir fraîchement moulu
2 cuillères à soupe de cacahouètes grillées,
concassées

Coupez le poulet en 12 morceaux et désossez-les.

Chauffez l'huile dans une casserole à fond épais et mettez l'ail et les échalottes à dorer 4-5 minutes à feu modéré. Ajoutez le poulet et faites-le dorer sur toutes ses faces.

Versez l'eau, qui doit tout juste couvrir la viande, et ajoutez le sel, la citronnelle et le laurier. Portez à ébullition, baissez le feu et laissez mijoter 45 minutes en remuant de temps en temps.

Assaisonnez avec du nuoc-mâm, du sel et du poivre, saupoudrez de cacahouètes grillées et servez aussitôt.

Poulet grillé au tofu rouge

Thit Gâ Nuong Chao

1 poulet tendre de 1,5 kg
poivre noir fraîchement moulu
2 cuillères à soupe d'huile
2 cuillères à soupe d'huile de sésame

Marinade :
2 cubes de pâte de soja (tofu) rouge fermentée
150 g d'échalotes hachées
8 gousses d'ail écrasées
3 cuillères à soupe de sucre
1 cuillère à café de sel
une pincée de glutamate de sodium (facultatif)
2 cuillères à soupe d'alcool de riz ou 3 clous de girofle
broyés avec un bâton de cannelle de 5 cm

Désossez le poulet et coupez la chair en petits morceaux.

Mélangez tous les ingrédients de la marinade dans un plat creux assez grand pour contenir tous les morceaux de poulet en une seule couche. Ajoutez le poulet, mélangez bien et poivrez. Couvrez et laissez mariner 2 heures en tournant les morceaux de poulet de temps en temps. Égouttez-les.

Chauffez l'huile dans une grande poêle à frire et faites revenir les morceaux 2-3 minutes en remuant jusqu'à ce que la chair commence à se raffermir et ait rejeté le maximum de liquide.

Disposez les morceaux de poulet sur une grille huilée et faites-les cuire 10 minutes sur braises moyennes, ou sous un gril, en les tournant fréquemment.

Poulet à la citronnelle et brochettes de poulet aux cinq épices

Enduisez généreusement les morceaux de poulet d'huile de sésame et poursuivez la cuisson 10-15 minutes. Servez aussitôt.

Brochettes de poulet aux cinq épices

Gâ Nuong Ngu Vi Thiong

1 poulet tendre de 1,5 kg
20 cl d'alcool de riz

Marinade :
5 cuillères à soupe d'huile
12 échalotes, hachées
4 gousses d'ail écrasées
4 cuillères à soupe de sauce soja
1 cuillère à café de cinq-épices

Pour servir :
riz cuit à l'eau
salade verte et vinaigrette

Pour la marinade, chauffez l'huile dans une petite casserole. Faites revenir les échalotes et l'ail 2-3 minutes sans les laisser dorer. Ajoutez les autres ingrédients en remuant et portez à ébullition. Baissez le feu et laissez mijoter 4-5 minutes en remuant de temps en temps.

Désossez le poulet et coupez la chair en morceaux. Disposez-les dans un plat creux assez grand pour qu'ils puissent tenir en une seule couche. Versez la marinade et l'alcool et pressez légèrement le poulet pour l'en imprégner. Laissez mariner au moins 30 minutes.

Égouttez les morceaux de poulet et faites-les sécher sur une grille, puis enfilez-les sur 8 brochettes métalliques.

Disposez les brochettes, généreusement enduites de marinade, sur une grille huilée et faites-les cuire sur des braises moyennes ou sous un gril 15-20 minutes, ou jusqu'à ce que le poulet soit bien doré, en tournant fréquemment les brochettes et en appliquant plusieurs fois de la marinade au pinceau.

Servez avec du riz et une salade verte.

Note : vous pouvez remplacer le poulet par du filet ou du cuissot de porc coupé en tranches.

Poulet sauté au gingembre

Thit Gâ Chiên Gisng

1 poulet de 1,5 kg
1 morceau de gingembre de 5 cm environ, épluché et émincé
2 cuillères à soupe de vinaigre blanc
5 cuillères à soupe d'huile
1 oignon, émincé
3 échalotes, hachées
3 gousses d'ail écrasées
2 feuilles de citronnelle, hachées
18 cl d'eau
1 cuillère à soupe de nuoc-mâm
1 cuillère à café de sucre
poivre noir fraîchement moulu
une pincée de glutamate de sodium (facultatif)
feuilles de coriandre fraîche, découpées

Désossez le poulet et coupez la chair en petits morceaux. Mélangez le gingembre et le vinaigre dans un petit bol et réservez.

Chauffez l'huile dans une grande poêle à frire. Mettez l'oignon, les échalotes, l'ail et la citronnelle à dorer 4-5 minutes à feu modéré, sans couvrir. Ajoutez les morceaux de poulet et faites-les cuire en remuant 3 minutes. Videz l'huile.

Ajoutez le mélange de gingembre et de vinaigre, ainsi que l'eau, et assaisonnez avec le nuoc-mâm, le sucre, le poivre et le glutamate de sodium.

Couvrez et laissez mijoter 30 minutes ou jusqu'à ce que le poulet soit tendre.

Servez aussitôt garni de feuilles de coriandre. Poivrez légèrement si nécessaire.

Poulet épicé et poulet au maïs et aux champignons parfumés

30

Poulet épicé

Thit Gâ Xâo Cay

1 poulet tendre de 1,5 kg
5 cuillères à soupe d'huile
6 échalotes ou 1 gros oignon
3 gousses d'ail écrasées
6 tomates, épépinées et hachées
4 cuillères à café de grains de poivre vert
2 feuilles de laurier
25 cl d'eau
1 cuillère à soupe de nuoc-mâm
sel
1 cuillère à café de sucre
poivre blanc (facultatif)

Pour servir :
riz cuit à l'eau
1 concombre, émincé

Désossez le poulet et coupez la chair en cubes.

Chauffez l'huile dans une casserole à fond épais et faites-y dorer les échalotes et l'ail 4-5 minutes à feu modéré. Ajoutez le poulet et laissez cuire 10 minutes en remuant fréquemment.

Ajoutez les tomates, le poivre, le laurier et l'eau, et portez à ébullition. Baissez le feu et laissez mijoter 30 minutes ou jusqu'à ce que la sauce épaississe.

Assaisonnez avec le nuoc-mâm, le sel et le sucre. Poivrez légèrement s'il y a lieu.

Servez aussitôt avec du riz et le concombre.

Poulet au maïs et aux champignons parfumés

Gâ Xâo Bap Non Uâ Nâm Dong Cô

25 g de champignons parfumés
5 cuillères à soupe d'huile
2 gousses d'ail écrasées
250 g de blanc de poulet, en tranches fines
50 g de petits épis de maïs en boîte, égouttés
18 cl de bouillon de poule
1 cuillère à soupe de nuoc-mâm
sel
une pincée de sucre
1 grosse cuillère à café de maïzena
2 cuillères à soupe d'eau
riz cuit à l'eau, pour servir

Placez les champignons dans un saladier, couvrez d'eau tiède et laissez tremper 15 minutes. Jetez les pieds et coupez les chapeaux en quatre.

Chauffez l'huile dans une grande poêle à frire et mettez l'ail à dorer sur feu modéré. Ajoutez le poulet et poursuivez la cuisson 10 minutes en remuant. Avec une écumoire, retirez les morceaux de poulet et placez-les sur une assiette. Réservez.

Mettez les champignons et le maïs dans la poêle. Laissez-les cuire en remuant 1-2 minutes, puis versez le bouillon de poule et portez à ébullition. Baissez le feu, remettez le poulet dans la poêle et assaisonnez avec le nuoc-mâm, du sel et du sucre.

Laissez mijoter 10 minutes ou jusqu'à ce que le poulet soit tendre et que le liquide réduise de moitié.

Délayez la maïzena avec l'eau dans une tasse. Versez cette pâte dans la poêle et remuez sans cesse jusqu'à ce que la sauce épaississe.

Servez aussitôt avec du riz.

Poulet aux piments

Gâ Xâo Xa Ot

4 gousses d'ail écrasées
100 g d'échalotes séchées
2 cuillères à café de curry malais ou thaïlandais
1 cuillère à café de sel
une grosse pincée de poivre noir fraîchement moulu
1 cuillère à café de sucre
une pincée de glutamate de sodium (facultatif)
1 kg de blanc de poulet en tranches fines
3 feuilles de citronnelle, hachées
2 piments frais, hachés
4 cuillères à soupe d'huile
12 cl d'eau
nuoc-mâm, pour assaisonner
quelques feuilles de coriandre fraîches, découpées

Dans un mortier, pilez 2 gousses d'ail, les échalotes séchées, le curry, le sel, le poivre, le sucre et le glutamate de sodium pour obtenir une pâte.

Transférez le mélange dans un grand saladier, ajoutez le poulet et remuez bien pour enrober les tranches du mélange. Couvrez et laissez reposer 2 heures.

A part, mélangez la citronnelle et les piments.

Chauffez l'huile dans une grande poêle à frire, jetez-y le reste d'ail et le mélange de citronnelle et de piments. Laissez cuire à feux doux 2-3 minutes. Ajoutez le poulet et faites cuire en remuant 5 minutes.

Versez l'eau et portez à ébullition. Baissez le feu et laissez mijoter 10-15 minutes, ou jusqu'à ce que le poulet soit tendre.

Assaisonnez avec le nuoc-mâm et poivrez légèrement si nécessaire. Garnissez de coriandre et servez aussitôt.

Pour 8 personnes
Note : la citronnelle fait ici particulièrement bien ressortir le goût des piments.

31

Pigeons grillés

Bô Cân Nuong

2 pigeons prêts à cuire
3 cuillères à soupe d'huile
légumes au vinaigre, pour servir

Marinade :
4 gousses d'ail hachées
5 échalotes hachées
1 cuillère à soupe de sauce soja
une pincée de cinq-épices
une grosse pincée de sel
1 cuillère à café de sucre
1 cuillère à soupe de nuoc-mâm
2 cuillères à soupe de vin de riz ou de vin blanc sec

Placez les pigeons sur une planche à découper et fendez-les le long de la colonne vertébrale et du brochet avec un couteau bien aiguisé. Ouvrez-les et aplatissez-les au couperet.

Pour la marinade, pilez dans un mortier l'ail, les échalotes, la sauce soja, le cinq-épices, le sel et le sucre pour obtenir une pâte. Ajoutez le nuoc-mâm et le vin, remuez bien.

Placez les pigeons dans un grand plat creux et couvrez-les de la marinade. Couvrez et laissez mariner 2-4 heures en tournant plusieurs fois les pigeons.

Placez les pigeons sur une grille bien huilée au-dessus d'une casserole. Avec un pinceàu, enduisez-les d'huile et faites cuire 20 minutes sous un gril. Tournez-les fréquemment et rajoutez de l'huile si nécessaire.

Servez aussitôt avec des légumes au vinaigre.

Pigeons rôtis

Bô Cân Rôti

4 pigeons prêts à cuire
18 cl d'alcool de riz

Sauce :
5 cuillères à soupe d'huile
3 gousses d'ail écrasées
1/2 oignon, haché
2 cuillères à soupe de sauce soja
2 cuillères à café de miel
une pincée de cinq-épices
poivre noir fraîchement moulu
une pincée de glutamate de sodium (facultatif)
6 cuillères à soupe d'eau

Pour servir :
2 citrons, coupés en quatre
2 cuillères à café de sel
poivre noir fraîchement moulu

Frottez l'intérieur et l'extérieur des pigeons d'alcool de riz. Faites-les sécher sur une grille.

Mélangez tous les ingrédients de la sauce. Enduisez l'intérieur et l'extérieur des pigeons de ce mélange et laissez sécher 1 heure environ. Idéalement, les pigeons devraient être suspendus dans un endroit frais, mais ils peuvent aussi être posés sur une grille.

Mettez les pigeons sur une grille au-dessus de la lèchefrite. Enduisez-les généreusement de sauce au pinceau et faites rôtir 20 minutes à four chaud (230 ºC, thermostat 8).

Détaillez la chair des pigeons en tranches et disposez-les dans un plat. Répartissez les quartiers de citron sur quatre assiettes avec du sel et du poivre. Chacun confectionnera son propre assaisonnement en mélangeant sel, poivre et jus de citron.

Cailles aux épices

Chim Cut Rô-Ti

4 cailles prêtes à cuire
3 cuillères à soupe d'huile de sésame

Marinade :
2 cuillères à soupe d'huile
3 gousses d'ail écrasées
4 ciboules, hachées
1 feuille de citronnelle, hachée
une grosse pincée de poivre de Cayenne
5 gouttes de sauce Maggi
1 cuillère à soupe de nuoc-mâm
1 cuillère à café de sucre
une pincée de sel

Pour servir :
2 citrons, coupés en quatre
légumes au vinaigre

Placez les cailles sur une planche à découper et fendez-les le long de la colonne vertébrale et du bréchet. Ouvrez-les et aplatissez-les au couperet.

Pour la marinade, chauffez l'huile dans une petite casserole et faites cuire l'ail, les ciboules et la citronnelle 2-3 minutes. Laissez refroidir. Ajoutez le poivre de Cayenne, la sauce Maggi, le nuoc-mâm, le sucre et le sel.

Disposez les cailles dans un plat creux assez grand pour qu'elles puissent tenir sans se chevaucher. Arrosez-les de marinade, couvrez le plat et laissez mariner 2 heures en tournant les cailles de temps en temps.

Égouttez les cailles et enfilez-les sur des brochettes métalliques. Enduisez-les généreusement d'huile de sésame et disposez-les sur une grille huilée. Faites cuire sur braises moyennes ou sous un gril 15-20 minutes, ou jusqu'à ce qu'elles soient entièrement cuites, en les tournant fréquemment et en rajoutant de l'huile si nécessaire.

Servez aussitôt avec les citrons et les légumes au vinaigre.

32

Pigeons rôtis et cailles aux épices

Canard braisé

Vit Tim

6 champignons parfumés
1 canard de 1,5-2 kg prêt à cuire
50 g de pousse de bambou, en rondelles
1½ cuillère à soupe de sauce soja
1 cuillère à soupe de vin blanc sec
3 ciboules, hachées
le zeste d'une demi-orange

Couvrez les champignons d'eau tiède et laissez tremper 15 minutes. Jetez les pieds et coupez les chapeaux en deux. Réservez.

Placez le canard dans une grande casserole, couvrez d'eau bouillante et laissez-le cuire 10 minutes à feu modéré.

Égouttez le canard et mettez le dans une cocotte avec les champignons, les pousses de bambou et la sauce soja. Ajoutez suffisamment d'eau pour couvrir à moitié le canard, couvrez la cocotte et faites cuire à four moyen (190 ºC, thermostat 5) 1 heure.

Écumez la graisse à la surface du liquide de cuisson, ajoutez le vin et remettez la cocotte au four, sans couvrir. Laissez cuire 15 minutes à 160 ºC (thermostat 3).

Ajoutez les ciboules et le zeste d'orange en remuant, et poursuivez la cuisson 15-20 minutes, ou jusqu'à ce que le canard soit tendre et que le liquide de cuisson ait réduit suffisamment. Servez aussitôt.

Fondue au bœuf

Thit Bô Nhung Dâm

4 bananes vertes, en rondelles
1 cuillère à café de sel
500 g de filet de bœuf, en tranches fines
2 gousses d'ail écrasées
poivre noir fraîchement moulu
1-2 cuillères à soupe d'huile
4 caramboles, émincées dans la largeur
1 laitue croquante, séparée en feuilles
1/2 concombre, émincé
feuilles de coriandre fraîche, hachées
feuilles de menthe fraîche, hachées
nuoc-mâm giam (voir page 14)
légumes au vinaigre
24 petites feuilles de papier de riz

Nuoc-mâm nem :
5 filets d'anchois
une grosse pincée de sucre
4 cuillères à soupe de jus de citron

Bouillon :
15 cl de citronnade
35 cl d'eau
2 feuilles de citronnelle
1 grosse tomate, pelée et épépinée
3 cuillères à soupe de vinaigre de vin
3 cuillères à café de sucre

Faites macérer les bananes 30 minutes dans un bol d'eau tiède avec le sel.

Pendant ce temps, disposez les tranches de bœuf dans un grand plat. Saupoudrez d'ail et de poivre, et enduisez légèrement d'huile.

Égouttez les bananes et disposez-les dans un plat avec les caramboles, la laitue, le concombre, la coriandre et la menthe. Versez le nuoc-mâm giam dans un petit bol et disposez les légumes au vinaigre sur une assiette.

Pour le nuoc-mâm nem, pilez les anchois au mortier. Mélangez avec le sucre et le citron. Versez dans un bol.

Placez un service à fondue avec brûleur réglable au centre de la table, avec les plats de viande et de légumes. Mettez les feuilles de papier de riz sur une assiette et placez un bol d'eau à côté. Ajoutez les bols de sauce.

Pour le « bouillon », mélangez tous les ingrédients. Portez à ébullition sur le brûleur. Baissez le feu et laissez mijoter 1-2 minutes. Vous devez obtenir une saveur aigre-douce. Remettez le bol sur le brûleur et ajustez la flamme pour que le bouillon frémisse.

Chacun trempera une feuille de papier de riz dans l'eau pour la ramollir et supprimera l'excédent de liquide. On plongera ensuite une tranche de bœuf dans le bouillon jusqu'à ce qu'elle soit assez cuite, puis on la placera sur la feuille avec des légumes choisis. Il suffira alors de rouler la feuille avant de la tremper dans la sauce de son choix.

Feuilles de vigne farcies

Thit Bô Nuong La Nho

300 g de bœuf haché
3 échalotes, hachées
4 gousses d'ail écrasées
une grosse pincée de poivre noir fraîchement moulu
une grosse pincée de glutamate de sodium (facultatif)
250 g de feuilles de vigne fraîches ou en boîte,
égouttées
huile
nuoc-mâm giam (voir page 14) pour servir

Mélangez le bœuf, les échalotes, l'ail, le poivre et le glumatate de sodium et travaillez le mélange à la main. Laissez-le reposer 30 minutes.

Pendant ce temps, couvrez les feuilles de vigne d'eau bouillante. Laissez reposer 1 minute puis égouttez. Laissez les feuilles dans le récipient mais couvrez d'un film alimentaire pour qu'elles ne sèchent pas.

Placez une feuille sur la surface de travail, côté luisant vers le bas. Coupez la tige et disposez un peu de farce au centre. Rabattez ensuite la feuille pour couvrir la farce et formez des boudins. Faites de même pour les autres feuilles.

Huilez-les généreusement et placez-les sur une

Rouleau de bœuf et feuilles de vigne farcies

35

grille huilée. Faites cuire sur des braises moyennes, ou sous un gril, 10 minutes, en les tournant de temps en temps et en rajoutant de l'huile si nécessaire. Servez chaud avec la sauce.

Rouleaux de bœuf

Thit Bô Xâo Xa Ot

50 g de vermicelles de riz
3 gousses d'ail écrasées
1 feuille de citronnelle, hachée
2 cuillères à café de sel
1 cuillère à café de sucre
une grosse pincée de glutamate de sodium (facultatif)
6 cuillères à soupe d'huile
500 g de filet de bœuf, en tranches fines
12 feuilles de papier de riz
1 laitue croquante, en lanières
1/2 concombre, émincé
2 cuillères à soupe de radis au vinaigre
feuilles de menthe fraîche, découpées
feuilles de coriandre fraîche, découpées
2 ciboules, hachées
2 cuillères à soupe de cacahouètes grillées,
concassées
nuoc-mâm giam (voir page 14) pour servir

Portez une grande casserole d'eau à ébullition et faites cuire les vermicelles 2-3 minutes, ou jusqu'à ce qu'ils soient tendres. Égouttez dans un chinois, rincez à l'eau froide et égouttez de nouveau. Réservez dans un saladier.

Mélangez l'ail, la citronnelle, le sel, le sucre, le glutamate de sodium et la moitié de l'huile dans un plat creux assez grand pour que la viande tienne en une seule couche. Ajoutez le bœuf et mélangez bien. Couvrez et laissez mariner 30 minutes.

Pendant ce temps, passez rapidement les feuilles de papier de riz dans de l'eau, une par une. Secouez-les pour supprimer l'excédent d'eau, et disposez-les dans un plat avec la laitue, le concombre, le radis, la menthe et la coriandre.

Égouttez les tranches de bœuf. Faites-les cuire sur une plaque huilée, sur des braises moyennes ou sous un gril, 2-3 minutes de chaque côté.

Chauffez le reste d'huile dans une petite casserole. Placez les ciboules dans un bol, arrosez d'huile chaude et mélangez doucement.

Disposez les tranches de bœuf dans un plat chaud et enduisez-les d'huile parfumée. Saupoudrez de cacahouètes.

Chacun confectionnera ses propres rouleaux en garnissant des feuilles de papier de riz de bœuf, de légumes et de vermicelles et les trempera dans le nuoc-mâm giam.

Ragoût de bœuf

Thit Bô Kho

4 cuillères à soupe d'huile
1 cuillère à soupe de curry malais ou thaïlandais
2 grosses tomates, épépinées et hachées
1 kg de jarret de bœuf, en cubes de 4 cm
4 grosses carottes, en gros morceaux
1 oignons, coupé en quatre
3 graines d'anis étoilé
3 feuilles de laurier
2 feuilles de citronnelle, écrasées
1 cube de bouillon de bœuf
3 cuillères à soupe de nuoc-mâm
1 cuillère à café de sel
poivre noir fraîchement moulu
2 cuillères à café de sucre

Chauffez l'huile dans une casserole à fond épais, versez le curry et les tomates et laissez cuire à feu modéré 2 minutes, sans laisser roussir le curry.

Ajoutez le bœuf, les carottes, l'oignon, l'anis, le laurier et la citronnelle. Émiettez le bouillon et ajoutez assez d'eau pour que la viande soit juste recouverte.

Portez à ébullition, baissez le feu et laissez mijoter 1 heure, en remuant de temps en temps, jusqu'à ce que la viande soit tendre et que le liquide ait réduit de deux tiers.

Assaisonnez avec le nuoc-mâm, le sel, le poivre et le sucre, et servez aussitôt.
Pour 8 personnes

36

Bœuf sauté à la sauce d'huîtres

Thit Bô Xâo Dâu Hâo

6 cuillères à soupe d'huile
300 g de romsteck, en tranches fines
250 g de haricots mange-tout, préparés
2 gousses d'ail écrasées
12 cl de bouillon de poule
3 cuillères à soupe de sauce d'huîtres
2 cuillères à café de maïzena
2 cuillères à soupe d'eau

Chauffez 4 cuillères à soupe d'huile dans une grande poêle à frire. Faites-y cuire le bœuf 2-3 minutes jusqu'à ce qu'il soit bien saisi sur toutes ses faces. Avec une écumoire, transférez-le dans un grand plat et réservez.

Faites revenir les mange-tout 2-3 minutes dans la poêle, sortez-les et mettez-les dans le plat.

Versez le reste d'huile dans la poêle, si nécessaire. Faites dorer l'ail à feu modéré, puis remettez le bœuf et les haricots dans la poêle, ainsi que le bouillon et la sauce d'huîtres. Laissez cuire 5 minutes en remuant.

Pendant ce temps, délayez la maïzena avec l'eau. Versez dans la poêle et laissez cuire, en remuant, jusqu'à ce que le mélange épaississe. Servez aussitôt.

Bœuf aux pousses de bambou

Thit Bô Xâo Mang

6 cuillères à soupe d'huile
300 g de romsteck, en tranches fines
3 ciboules en morceaux de 1 cm de long
2 gousses d'ail écrasées
100 g de pousses de bambou égouttées, rincées,
en rondelles
2 cuillères à soupe de nuoc-mâm
12 cl de bouillon de poule
2 cuillères à café de sucre
2 cuillères à café de maïzena
2 cuillères à soupe d'eau

Chauffez l'huile dans une grande poêle à frire et faites cuire le bœuf 2-3 minutes jusqu'à ce qu'il soit saisi sur toutes ses faces. Avec une écumoire, transférez-le dans un grand plat et réservez.

Mettez les ciboules et l'ail à dorer dans la poêle 3-5 minutes. Augmentez le feu, ajoutez les pousses de bambou et laissez cuire 1 minute en remuant.

Versez le nuoc-mâm, le bouillon et le sucre. Couvrez et faites cuire 3 minutes, puis ajoutez le bœuf et laissez cuire 1-2 minutes en remuant.

Pendant ce temps, délayez la maïzena avec l'eau. Versez dans la poêle et laissez cuire en remuant jusqu'à ce que la sauce épaississe. Servez aussitôt.

Travers de porc à la citronnelle

Suon Heo Nuong Xa Ot

2 gousses d'ail écrasées
1 oignon, haché
2 feuilles de citronnelle, hachées
une grosse pincée de cinq-épices
1 cuillère à café de sel
1 cuillère à café de poivre fraîchement moulu
4 cuillères à soupe d'huile
800 g de travers de porc, découpé

Dans un mortier, pilez l'ail, l'oignon et la citronnelle. Ajoutez le cinq-épices, le sel et le poivre et liez avec l'huile.

Disposez les morceaux de travers en une couche dans un plat, ajoutez le mélange d'épices et pressez la viande à la main pour bien l'imprégner. Couvrez et laissez reposer 4-6 heures ou, mieux, une nuit.

Étalez le travers sur une grille huilée et faites cuire sur braises moyennes, ou sous un gril, 15 minutes ou jusqu'à ce que la viande soit croquante à l'extérieur et tendre à l'intérieur. Vous pouvez aussi la cuire à four moyen (190 ºC, thermostat 5) 30 minutes. Servez aussitôt.
Pour 6 personnes

Bœuf sauté à la sauce d'huîtres et travers de porc à la citronnelle

Travers de porc à l'aigre-douce

Suon Heo Chua Ngot

500 g de travers de porc, en morceaux de 5 cm de long
2 échalotes, hachées
3 gousses d'ail écrasées
3 cuillères à soupe de nuoc-mâm
poivre noir fraîchement moulu
1 cuillère à café de glutamate de sodium (facultatif)
150 g de maïzena
huile de friture

Sauce aigre-douce :
2 oignons au vinaigre, en rondelles
1 oignon, en dés
2 cuillères à soupe de ketchup
4 cuillères à soupe de jus de citron
3 cuillères à soupe de sucre
20 cl d'eau
vinaigre, pour assaisonner (facultatif)

Pour la sauce, mélangez tous les ingrédients dans une petite casserole. Portez à ébullition, baissez le feu et laissez mijoter, sans couvrir, 10-15 minutes ou jusqu'à ce que la sauce épaississe. Laissez refroidir légèrement et ajoutez du sucre ou du vinaigre, si nécessaire, pour équilibrer la saveur aigre-douce. Gardez au chaud.

Placez le travers dans une grande casserole à fond épais. Ajoutez les échalotes, l'ail, le nuoc-mâm, du poivre et le glutamate de sodium. Couvrez d'eau. Portez à ébullition, baissez le feu et laissez mijoter 1 heure ou jusqu'à ce que le porc soit tendre.

Égouttez le porc et laissez refroidir. Mettez 4 cuillères à soupe de maïzena dans un saladier creux. Délayez le reste de maïzena avec de l'eau pour obtenir une pâte onctueuse.

Chauffez l'huile dans une friteuse. Roulez chaque morceau de travers dans la maïzena, puis dans la pâte de maïzena. Plongez délicatement les morceaux dans le bain de friture. Faites-les cuire, plusieurs à la fois, jusqu'à ce qu'ils soient dorés.

Sortez-les avec une écumoire et laissez égoutter sur du papier absorbant. Transférez dans un plat de service, arrosez de sauce aigre-douce et servez aussitôt.

38

Feuilles de laitue farcies et porc au caramel

Porc haché au tofu

Dâu Hu Xâo Thit Heo Bâm

5 cuillères à soupe d'huile
4 ciboules, hachées
3 rondelles de gingembre, épluchées, émincées
250 g de porc haché
2 cuillères à soupe de nuoc-mâm
1 cuillère à café de sucre
une pincée de poudre de piment sec
12 cl de bouillon de poule
4 morceaux de pâte de soja (tofu), coupés en 4
1 cuillère à café de maïzena
2 cuillères à soupe d'eau

Chauffez l'huile dans une casserole et mettez la moitié des ciboules et le gingembre à dorer, 4-5 minutes environ, sur feu modéré. Ajoutez le porc haché, le nuoc-mâm, le sucre et le piment et poursuivez la cuisson 4-6 minutes en remuant.

Versez le bouillon et portez à ébullition. Baissez le feu et laissez mijoter 10 minutes en remuant doucement de temps en temps.

Ajoutez le tofu et laissez cuire 1 minute en remuant doucement.

Dans une tasse, délayez la maïzena avec l'eau. Versez dans la casserole et laissez cuire en remuant doucement jusqu'à ce que la sauce épaississe.

Garnissez de ciboules et servez aussitôt.

Porc mariné

Xa Xiu

500 g de filet de porc coupé, dans la longueur,
en lamelles de 5 cm de large
2 cuillères à soupe de concombre au vinaigre,
pour décorer

Marinade :
3 échalotes, hachées
1 cuillère à café de sel
une grosse pincée de poivre noir fraîchement moulu
1 cuillère à café de sucre
1 cuillère à café de glutamate de sodium (facultatif)
1-2 gouttes de colorant alimentaire rouge
5 cuillères à soupe de Mei Kuei Lu

Mélangez tous les ingrédients de la marinade dans un plat creux assez grand pour que le porc puisse tenir en une seule couche.

Ajoutez les lamelles de porc en les retournant pour les enrober de marinade. Couvrez et laissez mariner 3 heures au frais, en retournant le porc de temps en temps.

Placez la viande sur une grille métallique posée sur un plat à rôtir à moitié rempli d'eau froide. Faites cuire à four modéré (160 ºC, thermostat 3) 30 minutes ou jusqu'à ce que le porc soit tendre.

Coupez la viande en morceaux plus courts et dispo-sez-les dans un plat chaud. Décorez de concombre au vinaigre et servez aussitôt.

Feuilles de laitue farcies

Thit Heo Cuôn Hânh Huong

quelques tiges de ciboules
500 g de poitrine de porc maigre
3 rondelles de gingembre, épluchées
1 laitue croquante, séparée en feuilles
1/2 concombre, émincé
feuilles de menthe fraîche, hachées
feuilles de coriandre fraîche, hachées
nuoc-mâm giam (voir page 14), pour servir

Placez les ciboules dans une terrine, couvrez d'eau bouillante et laissez reposer 1 minute. Égouttez et réservez.

Dans une grande casserole, mélangez le porc et le gingembre. Couvrez d'eau et portez à ébullition. Laissez mijoter 45-60 minutes, ou jusqu'à ce que le porc soit tendre. Égouttez la viande. Lorsqu'elle a refroidi, coupez-la en lamelles fines. Laissez refroidir complètement.

Étalez les feuilles de laitue sur une planche à découper ou sur une surface de travail propre. Cou-vrez-les de deux lamelles de porc, de tranches de concombre, et d'un peu de menthe et de coriandre. Rabattez les bords pour former une bourse et fer-mez-la avec des ciboules.

Disposez les feuilles de laitue farcies dans un plat de service et accompagnez d'un bol de nuoc-mâm giam dans lequel chacun les trempera avant de les manger. Servez froid.
Note : ces feuilles de laitue farcies sont traditionnel-lement servies l'été.

Porc au caramel

Thit Heo Kho

50 g de sucre
1/2 oignon, haché
500 g de jambonneau, en gros dés
3 radis noirs épluchés, en rondelles fines
5 cuillères à soupe de nuoc-mâm
poivre noir fraîchement moulu
riz cuit à l'eau, pour garnir

Faites chauffer doucement le sucre dans une grande casserole à fond épais, jusqu'à ce qu'une légère odeur de brûlé se fasse sentir. Versez un peu d'eau avec précaution car le mélange risque d'éclabousser.

Ajoutez le porc et les radis et versez suffisamment d'eau pour couvrir la viande. Ajoutez les autres ingré-dients, portez à ébullition et baissez le feu. Laissez mijoter 45-60 minutes, ou jusqu'à ce que le porc soit cuit et que le liquide réduise de deux tiers.

Servez chaud avec du riz.

Œufs, riz et nouilles

Le riz et les nouilles ont une importance pratiquement égale dans la cuisine vietnamienne, bien qu'ils aient chacun leur propre rôle dans les habitudes alimentaires du pays. Les nouilles sont le plus souvent servies seules, tandis que le riz, particulièrement le riz bouilli, accompagne les plats de poisson, de viande ou de légumes. La gamme des plats à base d'œuf varie à l'infini. En voici quelques exemples.

40

Riz cuit à l'eau

Com Trang

250 g de riz longs grains
30 cl d'eau

Lavez le riz plusieurs fois à l'eau froide et égouttez-le bien avant de le cuire. Placez-le dans une casserole à fond épais avec l'eau, et portez à ébullition. Mélangez avec une fourchette et laissez cuire à feu moyen à élevé jusqu'à ce que la plupart de l'eau ait été absorbée (environ 3 minutes).

Baissez le feu, couvrez et laissez mijoter doucement 12-15 minutes sans mélanger, ou jusqu'à ce que le riz soit tendre tout en restant croquant.

Le riz peut être servi aussitôt ou rangé dans un bol couvert au réfrigérateur. Il se conserve trois jours et peut ensuite être utilisé dans les plats à base de riz sauté.

Note : au Viêt-nam, le riz est cuit dans une petite quantité d'eau. Elle est absorbée pendant la cuisson et empêche les grains de coller. Pour mesurer l'eau de cuisson du riz, les Vietnamiens se servent de l'index qu'ils trempent dans la casserole de riz. Lorsque le bout du doigt touche la surface du riz, le niveau d'eau doit être à mi-chemin de la première articulation (c'est-à-dire 1 cm environ). Les quantités données ci-dessus permettent d'obtenir le même résultat.

Riz sauté aux œufs

Com Chiên Trung

6 cuillères à soupe d'huile
2 œufs, battus avec 2 cuillères à soupe d'eau
2 ciboules, hachées
riz cuit à l'eau (voir recette précédente)
2 cuillères à soupe de sauce soja
une grosse pincée de sel
une grosse pincée de sucre
une pincée de glutamate de sodium (facultatif)

Chauffez 1 cuillère à soupe d'huile dans une petite poêle à frire, versez les œufs battus et agitez la poêle pour confectionner une omelette. Baissez le feu.

À l'aide d'une spatule, soulevez les bords de l'omelette pour obtenir une cuisson uniforme. Dès que l'omelette est cuite, faites-la glisser une assiette. Laissez-la refroidir, puis coupez-la en lamelles.

Chauffez le reste d'huile dans une grande poêle à frire (de préférence anti-adhésive). Faites cuire les ciboules 2 minutes en remuant, puis ajoutez le riz et l'omelette. Versez la sauce soja, le sel, le sucre et le glutamate de sodium.

Faites cuire 2-3 minutes en remuant jusqu'à ce que le mélange soit parfaitement sec, et servez aussitôt.

Riz sauté aux œufs et riz sauté spécial

Riz sauté spécial

Com Chiên Thâp Câm

2 saucisses chinoises
2 œufs
2 cuillères à soupe d'eau
6 cuillères à soupe d'huile
1 échalote, hachée
50 g de jambon, en dés
25 g de crevettes, décongelées
riz cuit à l'eau (voir page 40)
2 cuillères à soupe de sauce soja
une grosse pincée de sucre
une grosse pincée de sel
une pincée de glutamate de sodium (facultatif)

Placez les saucisses dans le panier d'une cocotte à vapeur. Faites-les cuire à la vapeur 15 minutes puis laissez refroidir légèrement. Coupez-les en tranches fines et réservez.

Dans un bol, battez les œufs et l'eau.

Chauffez 1 cuillère à soupe d'huile dans une petite poêle à frire, versez les œufs et agitez la poêle pour confectionner une omelette. Baissez le feu.

À l'aide d'une spatule, soulevez les bords de l'omelette pour obtenir une cuisson uniforme. Faites-la glisser ensuite sur une assiette. Laissez-la refroidir puis coupez-la en lamelles.

Chauffez le reste d'huile dans une grande poêle à frire (de préférence anti-adhésive). Mettez l'échalote à cuire 2 minutes en remuant, puis ajoutez les autres ingrédients. Poursuivez la cuisson 2-3 minutes en remuant et servez aussitôt.

ŒUFS, RIZ ET NOUILLES

Pâtes de riz au bœuf et au poivron et nouilles sautées à la vietnamienne

Nouilles fraîches aux œufs

Mi Vat Tuoi

eau
une pincée de sel
500 g de nouilles fraîches aux œufs

Portez une grande casserole d'eau salée à ébullition. Faites bouillir les nouilles, en remuant sans cesse, 5 minutes ou jusqu'à ce qu'elles soient à la fois tendres et croquantes.

Égouttez-les dans un chinois, rincez à l'eau froide et égouttez de nouveau. Servez-les comme garniture ou dans un bouillon pour confectionner une soupe.
Note : vous pourrez vous procurer des nouilles fraîches aux œufs dans les épiceries orientales, où elles sont généralement vendues au poids.

Nouilles séchées aux œufs

Mi Vat Khô

4 paquets de nouilles séchées aux œufs
une pincée de sel
eau bouillante

Placez les nouilles dans une grande casserole avec le sel et couvrez d'eau bouillante. Laissez tremper 5 minutes.

Portez de nouveau à ébullition et faites cuire, sans cesser de remuer, 4-5 minutes ou jusqu'à ce que les nouilles soient à la fois tendres et croquantes. Égouttez dans un chinois, rincez à l'eau froide et égouttez de nouveau. Laissez sécher légèrement.
Note : comptez un paquet de nouilles par personne. La méthode de cuisson est légèrement différente de celle des nouilles fraîches : les nouilles séchées sont cuites à l'eau avant d'être sautées.

Pâtes de riz au bœuf et au poivron

Pho Xâo Thit Bô Vâ Ot Xanh

250 g de pâtes de riz
6 cuillères à soupe d'huile
1/2 oignon, émincé
3 gousses d'ail écrasées
2 poivrons verts, épépinés, en morceaux
500 g de filet de bœuf, en tranches fines
30 cl de bouillon de poule
1 cuillère à soupe de nuoc-mâm
1 cuillère à café de sauce soja
3 cuillères à café de sel
une pincée de sucre
1 cuillère à soupe de maïzena
2 cuillères à soupe d'eau
poivre noir fraîchement moulu
quelques feuilles de coriandre fraîche, hachées
2 cuillères à soupe de tiges de ciboules, hachées

Faites cuire les pâtes en suivant la recette des nouilles fraîches aux œufs (voir la page 42) et rincez à l'eau froide. Laissez égoutter 8-10 minutes jusqu'à ce qu'elles soient bien sèches.

Chauffez l'huile dans une grande poêle à frire (de préférence anti-adhésive). Lorsqu'elle commence à fumer, ajoutez les pâtes avec précaution, car elles sont très fragiles, et étalez-les dans la poêle. Laissez-les cuire 3 minutes en remuant doucement, puis formez une crêpe et faites-la dorer des deux côtés. Égouttez sur du papier absorbant.

Mettez l'oignon et l'ail à dorer dans le reste d'huile 3-5 minutes en remuant. Ajoutez les poivrons et le bœuf et laissez sauter 1 minute avant de verser le bouillon. Assaisonnez avec le nuoc-mâm, la sauce soja, le sel et le sucre et remuez bien.

Délayez la maïzena avec l'eau dans une tasse. Versez dans la poêle en remuant jusqu'à ce qu'elle épaississe.

Transférez les pâtes dans un grand plat de service. Arrosez-les de sauce et saupoudrez de poivre. Garnissez de coriandre et de ciboules et servez aussitôt.
Note : pour cette recette, utilisez de préférence des pâtes fraîches (en vente dans les épiceries asiatiques), bien que les pâtes séchées donnent aussi de bons résultats. Essayez de vous procurer des pâtes dont l'emballage porte la mention *banh pho* ou *hu tieu*.

Nouilles sautées à la vietnamienne

Mî Xâo Giôn

6 champignons parfumés
6 cuillères à soupe d'huile
nouilles séchées cuites (voir page 42)
1/2 oignon, émincé
1 blanc de poulet, en lamelles
12 crevettes crues décortiquées, boyau retiré
(voir page 13)
2 tranches de jambon blanc, en lamelles
25 g de pousse de bambou, en lamelles
30 cl de bouillon de poule
1 cuillère à soupe de nuoc-mâm
une pincée de sel
une pincée de sucre
1 cuillère à soupe de maïzena
2 cuillères à soupe d'eau
2 cuillères à soupe de coriandre fraîche hachée

Placez les champignons dans un bol, couvrez d'eau chaude et laissez tremper 15 minutes. Égouttez soigneusement, jetez les pieds et coupez les chapeaux en quatre.

Chauffez l'huile dans une poêle à frire (de préférence anti-adhésive). Lorsqu'elle commence à fumer, ajoutez les nouilles avec précaution en les étalant dans la poêle. Laissez cuire 3 minutes en remuant doucement, puis formez une crêpe et laissez-la dorer légèrement avant de la retourner pour dorer l'autre côté. Égouttez les nouilles sur du papier absorbant.

Mettez l'oignon, le blanc de poulet et les crevettes à cuire 2-3 minutes dans la poêle en remuant.

Ajoutez le jambon et les pousses de bambou, et laissez cuire 1 minute en remuant bien. Versez le bouillon, le nuoc-mâm, le sel et le sucre et laissez cuire 2 minutes.

Délayez la maïzena avec l'eau dans une tasse. Versez dans la poêle et laissez cuire, sans cesser de remuer, jusqu'à ce qu'elle épaississe.

Transférez les nouilles dans un grand plat de service, nappez de sauce et garnissez de coriandre. Servez aussitôt.

43

Nouilles au soja

Mî Xâo Gia

4 cuillères à soupe d'huile
200 g de germes de soja
2 cuillères à soupe de ciboules hachées
nouilles séchées cuites (voir page 42)
sucre, sauce soja et sel, pour assaisonner
2-3 gouttes d'huile de sésame

Chauffez l'huile dans une grande poêle à frire et laissez cuire les germes de soja 2 minutes.

Ajoutez les ciboules et les nouilles, et laissez cuire à feu vif en remuant jusqu'à ce que le liquide se soit évaporé.

Retirez la casserole du feu et assaisonnez avec le sel, la sauce soja, le sucre et l'huile de sésame. Servez aussitôt.

Note : vous pouvez remplacer l'huile de sésame par 1 cuillère à soupe de sauce d'huîtres.

Nouilles aux crevettes

Mî Xâo Tôm

25 g de champignons parfumés
500 g de crevettes crues décortiquées, boyau retiré,
coupées en deux (voir page 13)
sel
100 g de nouilles fraîches
6 cuillères à soupe d'huile
1 oignon, haché
1 poivron vert, épépiné, en losanges
1 carotte, en dés
1 branche de céleri, en dés
12 cl de bouillon de poule
1 cuillère à soupe de nuoc cham
1 cuillère à café de sucre
1 cuillère à café de sauce soja
1 cuillère à soupe de maïzena
2 cuillères à soupe d'eau
poivre noir fraîchement moulu

Placez les champignons dans un bol et couvrez d'eau tiède. Laissez-les tremper 15 minutes, égouttez-les soigneusement et émincez-les.

Lavez les crevettes et séchez-les dans du papier absorbant.

Portez une grande casserole d'eau salée à ébullition et mettez les nouilles à cuire, en remuant, 5 minutes, ou jusqu'à ce qu'elles soient à la fois tendres et croquantes. Égouttez-les dans un chinois, rincez à l'eau froide et égouttez de nouveau. Faites sécher les nouilles sur un grand torchon propre.

Chauffez l'huile dans une grande poêle à frire et faites sauter les crevettes 30 secondes. Ajoutez les nouilles et laissez cuire 2-3 minutes jusqu'à ce que les crevettes rosissent et que les nouilles se séparent bien les unes des autres. Avec une écumoire, sortez les crevettes et les nouilles de la poêle et disposez-les dans un plat. Gardez au chaud.

Mettez l'oignon à dorer 3-4 minutes dans l'huile qui reste dans la poêle. Ajoutez les champignons, le poivron, la carotte et le céleri, et laissez cuire 30-45 secondes en remuant. Mouillez de bouillon et assaisonnez avec le nuoc cham, le sucre et la sauce soja.

Dans une tasse, délayez la maïzena avec l'eau. Versez dans la poêle et laissez mijoter, en remuant, jusqu'à ce que la sauce épaississe. Poursuivez la cuisson 2 minutes.

Nappez les nouilles et les crevettes de sauce, poivrez et servez aussitôt.

Vermicelles de riz et porc grillé

Bun Thit Heo Nuong

2 gousses d'ail écrasées
2 ciboules, hachées grossièrement
1 cuillère à café de black Jack
(voir Poisson au caramel page 24)
une grosse pincée de sel
une grosse pincée de poivre fraîchement moulu
300 g de poitrine de porc, en tranches fines
1 laitue croquante, en lanières
1/2 concombre, émincé
2 cuillères à soupe de carottes ou de cornichons
au vinaigre
quelques feuilles de menthe fraîche
quelques feuilles de coriandre fraîche découpées
50 g de vermicelles de riz cuits (voir page suivante)
8 cuillères à soupe de nuoc-mâm giam
(voir Rouleaux de printemps frits page 14)

Mélangez l'ail, les ciboules et le black Jack dans un plat creux assez grand pour que le porc puisse tenir en une seule couche. Ajoutez le sel, le poivre et le porc. Mélangez bien, couvrez et laissez mariner 30 minutes.

Pendant ce temps, répartissez la laitue, le concombre, les carottes, la menthe et la coriandre dans 4 bols individuels. Recouvrez chaque portion de légumes d'une couche de vermicelles et réservez.

Placez les tranches de porc sur une plaque de cuisson et faites cuire 15-20 minutes sur des braises moyennes, ou sous un gril, en les retournant à mi-cuisson.

Disposez les tranches de porc dans les quatre bols, et arrosez de 2 cuillères à soupe de nuoc-mâm giam. Chacun mélangera le contenu de son bol avant de le manger.

44

Nouilles au soja et vermicelles de riz et porc grillé

45

Vermicelles de riz

Bun

eau
sel
500 g de vermicelles de riz

Portez une grande casserole d'eau salée à ébullition. Plongez les vermicelles et laissez bouillir 3-5 minutes sans cesser de remuer ou jusqu'à ce que les vermicelles soient à la fois tendres et croquants. Égouttez-les dans un chinois et rincez à l'eau froide pour supprimer l'excédent d'amidon. Égouttez de nouveau.

Notes : les Vietnamiens utilisent énormément de vermicelles, tant pour garnir des plats que pour servir de base à de nombreuses préparations.

Si les vermicelles sont incorporés dans un autre plat, divisez la quantité spécifiée par deux. Lorsqu'ils sont cuits, étalez-les sur un torchon et laissez-les sécher 30 minutes avant de les utiliser.

Si les vermicelles sont servis comme garniture, rincez-les à l'eau bouillante pour les réchauffer juste avant de servir.

S'ils doivent être sautés, faites-les d'abord tremper 15 minutes dans de l'eau tiède et égouttez-les soigneusement. Laissez sécher 15 minutes avant de faire sauter à la poêle.

Poulet au pot de terre

Com Gâ

500 g de riz longs grains
25 g de champignons parfumés
1 poulet de 2 kg
90 cl d'eau

Marinade :
3 cuillères à soupe de Mei Kuei Lu
1 cuillère à café de sucre
2 cuillères à café de maïzena
1 cuillère à café de sel
1 cuillère à café d'huile de sésame
1 cuillère à soupe de sauce soja
1 cuillère à café de glutamate de sodium (facultatif)

Sauce :
2 cuillères à soupe d'huile
50 g d'échalotes séchées
2 cuillères à soupe de sauce Maggi
1 cuillère à café de sucre
une grosse pincée de sel
12 cl de bouillon de poule
une grosse pincée de glutamate de sodium (facultatif)

Lavez le riz plusieurs fois à l'eau froide et égouttez-le soigneusement. Placez les champignons dans un bol, couvrez d'eau tiède et laissez-les tremper 15 minutes. Égouttez-les et coupez-les en quatre.

Désossez le poulet et découpez la chair en petits cubes. Placez-les dans un saladier assez grand pour qu'ils puissent tenir en une seule couche.

Mettez la carcasse dans une grande casserole avec l'eau. Portez à ébullition et laissez cuire 30 minutes.

Ajoutez les champignons dans le saladier. Mélangez les ingrédients de la marinade et versez dans le saladier. Remuez bien pour enrober le poulet et les champignons. Laissez reposer 30 minutes.

Placez le riz dans un pot de terre ou dans une casserole à fond épais. Versez 75 cl du bouillon de la carcasse et portez à ébullition. Baissez le feu, couvrez et laissez mijoter 10 minutes.

Ajoutez le poulet, les champignons et la marinade. Remuez bien, couvrez et laissez mijoter 15 minutes, ou jusqu'à ce que le riz et le poulet soient cuits.

Juste avant de servir, préparez la sauce. Chauffez l'huile dans une poêle et faites sauter l'échalote 1 minute. Ajoutez la sauce Maggi, le sucre, le sel, le bouillon et le glutamate de sodium. Portez à ébullition et laissez cuire 1 minute en remuant.

Versez la sauce dans le pot de terre et servez aussitôt.

Vermicelles sautés au crabe et vermicelles de riz au bœuf

46

Note : au Viêt-nam, ce plat est confectionné avec du riz parfumé de Thaïlande, mais du riz longs grains ordinaire donne aussi de bons résultats.

Vermicelles de riz au bœuf

Bun Bô

2 gousses d'ail écrasées
1 oignon, émincé
1 feuille de citronnelle, hachée
une grosse pincée de sel
poivre noir fraîchement moulu
6 cuillères à soupe de nuoc-mâm
une grosse pincée de sucre
500 g de filet de bœuf, en tranches fines
100 g de germes de soja
1 laitue croquante, en lanières
2 cuillères à soupe de carottes ou de cornichons
au vinaigre, en rondelles
quelques feuilles de menthe fraîche
100 g de vermicelles de riz cuits (voir page 45)
4 cuillères à soupe d'huile
1 cuillère à soupe de cacahouètes grillées,
concassées

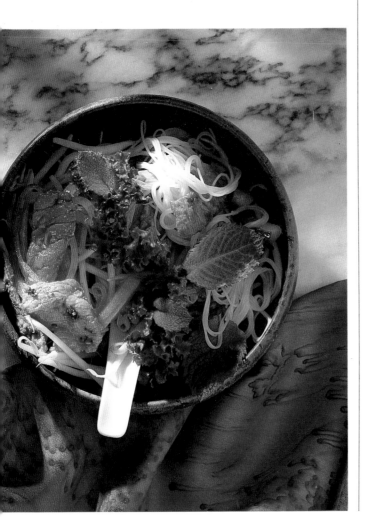

Mélangez l'ail, l'oignon, la citronnelle, le sel, du poivre, 2 cuillères à soupe de nuoc-mâm et le sucre dans un plat creux assez grand pour que le bœuf puisse tenir en une seule couche. Ajoutez le bœuf, mélangez bien, couvrez et laissez mariner 30 minutes. Pendant ce temps, répartissez les germes de soja, la laitue, les légumes au vinaigre et la menthe dans quatre bols individuels. Couvrez de vermicelles et mettez les bols de côté.

Chauffez l'huile dans une poêle à frire et faites sauter le bœuf 2-4 minutes de chaque côté, ou jusqu'à ce qu'il soit cuit à votre goût.

Ajoutez une portion de bœuf dans chaque bol, arrosez d'une cuillère à soupe du nuoc-mâm et saupoudrez de cacahouètes grillées. Servez aussitôt.

Note : cette salade chaude et froide est une combinaison rafraîchissante de textures et de parfums. Elle se compose de trois couches différentes ; chacun mélangera les ingrédients dans son bol avant de manger.

Vermicelles sautés au crabe

Miên Xâo Cua

5-7 cuillères à soupe d'huile
3 ciboules grossièrement hachées
100 g de chair de crabe, défaite en morceaux
100 g de vermicelles de riz, préparés pour être sautés
(voir page 45)
3-4 cuillères à soupe de bouillon de poule
1 cuillère à café de sel
2 cuillères à soupe de nuoc-mâm
une pincée de glutamate de sodium (facultatif)
poivre noir fraîchement moulu
quelques feuilles de coriandre fraîche, découpées

Chauffez 5 cuillères à soupe d'huile dans une grande poêle à frire (de préférence anti-adhésive), et mettez les ciboules à dorer 3-5 minutes sur feu doux à modéré.

Ajoutez la chair de crabe et les vermicelles, de l'huile si nécessaire, et laissez cuire 2 minutes en remuant. Si le mélange est très sec, mouillez-le légèrement avec du bouillon et poursuivez la cuisson 5 minutes, ou jusqu'à ce que les vermicelles soient suffisamment tendres et bien séparés les uns des autres.

Assaisonnez avec le sel et le nuoc-mâm, et ajoutez le glutamate de sodium.

Saupoudrez de poivre et de feuilles de coriandre et servez aussitôt.

47

Omelette
aux trois ingrédients

Gâ Voi Nâm

15 g de champignons parfumés
4 œufs
2 cuillères à soupe de bouillon de poule ou d'eau
100 g de poulet fumé ou rôti, en lamelles
50 g de jambon blanc, en bâtonnets
1 ciboule, émincée (partie blanche uniquement)
sel et poivre noir fraîchement moulu
quelques gouttes de vin de riz (facultatif)
5 cuillères à soupe d'huile
feuilles de coriandre fraîche, pour garnir

Placez les champignons dans un bol et couvrez d'eau chaude. Laissez-les tremper 15 minutes, égouttez-les et émincez-les. Réservez.

Dans un saladier, battez les œufs et le bouillon. Ajoutez le poulet, le jambon, la ciboule et les champignons. Assaisonnez et ajoutez le vin.

Chauffez l'huile dans une grande poêle à frire (de préférence anti-adhésive). Versez le mélange à base d'œuf et inclinez la poêle pour confectionner une omelette. Baissez le feu.

Avec une spatule, soulevez les bords de l'omelette pour obtenir une cuisson uniforme. Lorsque l'omelette est presque cuite, glissez-la sur un plat de service. Décorez de coriandre et servez aussitôt.

Œufs de caille
aux légumes chinois

Trung Cut Xâo Nâm Vâ Mang

20 œufs de caille
sauce soja (voir recette)
100 g de cresson, lavé
5 cuillères à soupe d'huile
3 gousses d'ail, hachées
1 petit oignon, haché grossièrement
1 carotte, en dés
un gros morceau de pousse de bambou
(100 g environ), en dés
100 g de champignons de Chine en boîte, égouttés
12 cl de bouillon de poule
1 cuillère à soupe de maïzena
3 cuillères à soupe d'eau
sel et poivre noir fraîchement moulu
1 cuillère à café de sauce soja
1 cuillère à café d'huile de sésame

Placez les œufs de caille dans une casserole et couvrez d'eau froide. Portez à ébullition et laissez cuire 1 minute. Égouttez les œufs. Fendillez les coquilles avec une cuillère sans écaler les œufs.

Remettez-les dans une casserole propre et couvrez d'un mélange égal d'eau et de sauce soja. Portez à ébullition, baissez le feu et laissez mijoter 20 minutes. Égouttez et écalez les œufs. Ils doivent avoir une apparence marbrée. Mettez-les de côté.

Portez une grande casserole d'eau à ébullition et faites blanchir le cresson 1 minute. Égouttez, rincez à l'eau froide et égouttez de nouveau sur du papier absorbant. Disposez le cresson dans un grand plat.

Chauffez l'huile dans une grande poêle à frire et mettez l'ail et l'oignon à dorer 3-4 minutes. Ajoutez la carotte et la pousse de bambou, les champignons et le bouillon. Laissez mijoter 1 minute.

Pendant ce temps, délayez la maïzena avec l'eau dans une tasse. Assaisonnez le contenu de la poêle avec du sel, du poivre et la sauce soja. Ajoutez la pâte de maïzena et laissez cuire, en remuant, jusqu'à ce que la sauce épaississe.

Ajoutez les œufs et l'huile de sésame, et réchauffez doucement 1 minute.

Transférez ce mélange sur le lit de cresson. Servez aussitôt.

Œufs à la vapeur
au porc haché

Trung Hâp Thit Heo

25 g de vermicelles de soja
15 g de champignons noirs
5 œufs
3 cuillères à soupe d'eau
75 g de porc haché
1 petite échalote, hachée
une pincée de poivre noir fraîchement moulu
une grosse pincée de sucre
1 cuillère à soupe de nuoc cham
nuoc-mâm giam (voir page 14), pour servir
piments et poivrons frais, en rondelles, pour garnir

Placez les vermicelles et les champignons dans un bol, couvrez d'eau tiède et laissez tremper 15 minutes. Égouttez-les et hachez-les grossièrement.

Battez les œufs et l'eau dans un grand saladier. Ajoutez le porc, les vermicelles, les champignons et l'échalote. Assaisonnez avec le poivre, le sucre et le nuoc cham.

Versez le mélange à base d'œuf dans une jatte allant au feu et placez le tout dans une cocotte à vapeur. Faites cuire à la vapeur 15 minutes, ou jusqu'à ce que le mélange se raffermisse. Pour le vérifier, enfoncez une baguette. Elle doit ressortir propre.

Servez aussitôt garni de piments, de poivrons et accompagnez de nuoc-mâm giam.

48

Omelette aux trois ingrédients et œufs de caille aux légumes chinois

Omelettes au crabe

Trang Trung Voi Cua

25 g de vermicelles de soja
15 g de champignons noirs
4 œufs
300 g de chair de crabe, défaite en morceaux
50 g d'échalotes séchées
sel et poivre fraîchement moulu
une pincée de glutamate de sodium (facultatif)
6 cuillères à soupe d'huile

Placez les vermicelles et les champignons noirs dans un bol, couvrez d'eau tiède et laissez tremper 15 minutes. Égouttez-les et hachez-les grossièrement.

Battez les œufs dans un grand saladier, ajoutez le crabe, les vermicelles, les champignons, les échalotes et mélangez bien. Assaisonnez avec du sel, du poivre et du glutamate de sodium. Le mélange doit être assez épais.

Chauffez l'huile dans une grande poêle à frire (de préférence anti-adhésive). Divisez le mélange à base de crabe en quatre portions égales, et donnez à chacune la forme d'une galette. Faites glisser les galettes dans la poêle. Lorsque le dessous est bien doré, retournez-les pour dorer l'autre côté. Servez aussitôt.

Légumes et salades

Les recettes de ce chapitre accompagnent traditionnellement les plats de poisson ou de viande, mais peuvent aussi composer des repas végétariens. Les modes de préparation jouent sur les contrastes et font la part belle à l'improvisation.

Légumes sautés

Rau Xâo

25 g de champignons noirs séchés
2 carottes, en rondelles fines
100 g de pousses de bambou, en rondelles fines
1 chou chinois (Bak choy), côtes uniquement, en dés
100 g de haricots verts, coupés en deux
4 cuillères à soupe d'huile
2 gousses d'ail écrasées
2-3 rondelles de gingembre, épluchées,
en petits morceaux
100 g de germes de soja
sel et poivre noir fraîchement moulu
une pincée de glutamate de sodium (facultatif)
1 cuillère à café de maïzena
1 cuillère à soupe d'eau

Placez les champignons dans un bol. Couvrez d'eau tiède et laissez tremper 15 minutes. Égouttez-les et hachez-les grossièrement. Réservez.

Portez une grande casserole d'eau à ébullition et faites cuire les carottes 10 minutes. Ajoutez les pousses de bambou, le chou et les haricots, et poursuivez la cuisson 5 minutes. Égouttez soigneusement et réservez.

Chauffez l'huile dans une grande poêle à frire, ajoutez l'ail et le gingembre et laissez cuire 2 minutes en remuant. Ajoutez les germes de soja et laissez cuire 30 secondes en remuant.

Ajoutez les légumes, salez, poivrez et ajoutez le glutamate de sodium. Laissez cuire en remuant 1-2 minutes. Les légumes doivent rester croquants.

Délayez la maïzena avec l'eau dans une tasse. Versez dans la poêle et remuez sans cesse pour lier la sauce. Servez aussitôt.

Pâte de soja à la tomate

Dau Hu Ran Vôi Sôt Câ Chua

huile de friture
6 cubes de pâte de soja, en dés
3 grosses tomates pelées, épépinées et hachées
15 cl de bouillon de poule
1 cuillère à soupe de nuoc-mâm
une pincée de sel
une pincée de sucre
2 ciboules (partie verte uniquement), hachées

Chauffez l'huile dans une friteuse et mettez la pâte de soja à dorer. Sortez-la avec une écumoire et réservez.

Placez les tomates dans une casserole et versez le bouillon, le nuoc-mâm, le sel et le sucre. Portez à ébullition, baissez le feu et laissez mijoter 15-20 minutes pour obtenir une sauce parfumée.

Ajoutez la pâte de soja et laissez mijoter 10-15 minutes. La sauce doit-être assez épaisse.

Saupoudrez de ciboules et servez aussitôt.

Pâte de soja à la tomate et légumes sautés

51

Rouleaux de printemps végétariens

Cha Giô Chay

100 g de haricots jaunes, lavés
huile de friture
2 cubes de pâte de soja (tofu)
50 g de châtaignes d'eau, égouttées et hachées
50 g de vermicelles de soja ayant trempé
dans de l'eau, hachés grossièrement
20 g de champignons noirs séchés ayant trempé
dans de l'eau, hachés grossièrement
3 gousses d'ail, hachées
2 carottes, râpées finement
poivre noir fraîchement moulu
2 cuillères à café de sel
20 feuilles de papier de riz
eau ou œuf battu, pour les rouleaux
sauce soja, pour servir

Faites tremper les haricots dans un grand saladier d'eau plusieurs heures. Égouttez-les et faites-les cuire à la vapeur 30 minutes, ou jusqu'à ce qu'ils soient tendres. Placez-les dans un mixeur et réduisez-les en purée.

Chauffez l'huile dans une friteuse et mettez-y le tofu à dorer. Sortez-le avec une écumoire. Une fois refroidi, découpez-le en fines lamelles.

Mettez les autres ingrédients, sauf le papier de riz, dans un grand saladier, et ajoutez la purée de haricots. Remuez bien.

Passez rapidement les feuilles de papier de riz dans de l'eau froide et agitez-les pour supprimer l'excédent d'eau. Disposez-les sur une surface de travail. Répartissez la farce à base de haricots entre les feuilles. Placez-la au bas de chaque feuille à environ 2,5 cm des bords. Parsemez de lamelles de tofu. Rabattez les côtés et roulez les feuilles en formant des saucisses. Humectez les bords avec un peu d'eau pour les coller.

Réchauffez l'huile dans la friteuse et mettez-y les rouleaux à dorer, plusieurs à la fois. Égouttez-les sur du papier absorbant et servez aussitôt avec de la sauce soja.

Champignons parfumés à l'aigre-douce

Nâm Dông Cô Chua Ngot

50 g de champignons parfumés
1-2 cuillères à soupe d'huile
farine
1 carotte, émincée
50 g de ciboule (blanc uniquement) émincée
2 branches de céleri, coupées diagonalement
en morceaux de 1 cm de long
3 gousses d'ail, hachées
sel et poivre noir fraîchement moulu
une pincée de glutamate de sodium (facultatif)
feuilles de coriandre fraîche, pour servir

Sauce aigre-douce :
2 oignons au vinaigre, en rondelles
1 oignon, en dés
2 cuillères à soupe de ketchup
4 cuillères à soupe de jus de citron
3 cuillères à soupe de sucre
20 cl d'eau
vinaigre pour relever (facultatif)

Faites tremper les champignons dans de l'eau 30 minutes.

Pendant ce temps, préparez la sauce : mélangez tous les ingrédients dans une casserole et portez à ébullition. Baissez le feu et laissez mijoter à découvert 10-15 minutes jusqu'à ce que la sauce réduise et épaississe. Laissez refroidir légèrement, goûtez et ajoutez du sucre ou du vinaigre si nécessaire pour obtenir une saveur aigre-douce bien équilibrée. Gardez la sauce au chaud sur feu doux en attendant de la servir. Égouttez les champignons.

Chauffez l'huile dans une poêle. Coupez les champignons en deux. Enrobez-les de farine et faites-les dorer. Égouttez sur du papier absorbant.

Ajoutez les légumes et l'ail dans la poêle avec un peu d'eau. Salez, poivrez et ajoutez du glutamate de sodium. Mettez les champignons dans la poêle et versez la sauce. Faites cuire le tout 1 minute environ, et servez avec la coriandre.

Épinards à la sauce d'huîtres

Rau Mông Loi Xâo Sot Dâu Hâo

1 kg d'épinards, coupés grossièrement
2-3 rondelles de gingembre, épluchées
2 cuillères à soupe d'huile
1 oignon, émincé

Sauce :
2 cuillères à soupe de sauce d'huîtres
4 cuillères à soupe d'eau
1 cuillère à café de sucre

Portez une grande casserole d'eau à ébullition. Plongez-y les épinards et le gingembre. Lorsque l'eau bout de nouveau, égouttez soigneusement les épinards et étalez-les sur une assiette.

Chauffez l'huile dans une petite poêle à frire et mettez l'oignon à cuire 8-10 minutes, jusqu'à ce qu'il prenne une couleur brune tout en restant croquant.

Pendant ce temps, mélangez les ingrédients de la sauce dans une petite casserole. Portez à ébullition, baissez le feu et laissez mijoter 1-2 minutes.

Nappez les épinards de sauce, saupoudrez d'oignon et servez aussitôt.

Note : cuits de cette façon, les épinards gardent une texture croquante et conservent leurs vitamines.

Aubergines sautées

Ca Tim Xâo

25 cl d'huile
1 grosse aubergine pelée, coupée en deux,
puis en tranches diagonales
5 cuillères à soupe de bouillon de poule
1 cuillère à soupe de nuoc-mâm
1 cuillère à café de sauce soja
une pincée de glutamate de sodium (facultatif)
3 ciboules (tiges vertes uniquement), hachées

Chauffez l'huile dans une grande casserole et mettez les tranches d'aubergine à dorer.

Retirez les tranches d'aubergine avec une écumoire, et égouttez-les sur du papier absorbant.

Placez-les dans une grande poêle à frire et ajoutez le bouillon, le nuoc-mâm, la sauce soja et le glutamate de sodium. Portez à ébullition, baissez le feu et laissez mijoter, en agitant la casserole de temps en temps, jusqu'à ce que tout le liquide s'évapore. Saupoudrez de ciboules et servez aussitôt.

Aubergines aux haricots noirs

Ca Tim Xâo Tuong Hôt Den

25 cl d'huile
1 grosse aubergine pelée, coupée en deux, puis
diagonalement en tranches épaisses
3 gousses d'ail écrasées
2 rondelles de gingembre, épluchées et émincées
2 ciboules hachées
7 cuillères à soupe de bouillon de poule
quelques haricots noirs
1 cuillère à café de sauce soja
une grosse pincée de sucre
une pincée de glutamate de sodium (facultatif)
1 cuillère à café de maïzena
2 cuillères à café d'eau

Épinards à la sauce d'huîtres et aubergines sautées

Chauffez l'huile dans une grande casserole, et mettez les tranches d'aubergine à dorer. Retirez-les avec une écumoire, et égouttez-les sur du papier absorbant.

Prélevez 2 cuillères à soupe d'huile dans la casserole et versez-les dans une grande poêle à frire. Faites chauffer à feu doux et mettez l'ail et le gingembre à dorer 2-3 minutes en remuant.

Ajoutez les tranches d'aubergine, les ciboules, le bouillon, les haricots, la sauce soja, le sucre et le glutamate de sodium. Mélangez bien.

Portez à ébullition, baissez le feu et laissez mijoter 1-2 minutes.

Délayez la maïzena avec l'eau dans une tasse, et versez dans la poêle. Laissez cuire sans cesser de remuer jusqu'à ce que la sauce épaississe. **Servez** aussitôt.

Note : choisissez une aubergine bien ferme, à la peau lisse et brillante. L'aspect du pédoncule est un bon indicateur de la fraîcheur du fruit : il doit être cassant et non frippé.

LÉGUMES ET SALADES

Tomates farcies au hachis de porc et pousses de bambou et champignons sautés

54

Tomates farcies au hachis de porc

Thit Heo Dôn Ca

6 grosses tomates
300 g de porc haché
4 cuillères à soupe de châtaignes d'eau en boîte,
égouttées
2 échalotes hachées
2 gousses d'ail écrasées
2 cuillères à soupe de nuoc-mâm
poivre noir fraîchement moulu
1 cuillère à café de sel
2 cuillères à soupe de maïzena
une pincée de glutamate de sodium (facultatif)
4 cuillères à soupe d'huile
quelques feuilles de coriandre fraîche

Coupez les tomates en deux, pressez-les pour en extraire les pépins et retirez une partie de la pulpe. Mettez-les à égoutter à l'envers sur du papier absorbant.

Mélangez les autres ingrédients dans un grand saladier, sauf l'huile et la coriandre, et remuez bien. Remplissez chaque moitié de tomate de cette farce.

Chauffez l'huile dans une grande poêle à frire et placez-y les tomates, viande vers le bas. Laissez cuire à feu doux 15 minutes environ, ou jusqu'à ce que les tomates soient tendres et que la farce dore.

Retournez les tomates et placez-les sur une plaque. Faites cuire 10 minutes sous un gril. Décorez de coriandre et servez aussitôt.

Pousses de bambou et champignons sautés

Mang Xâo Nâm Dông Cô

25 g de champignons parfumés
4 cuillères à soupe d'huile
2 rondelles de gingembre, épluchées
100 g de pousses de bambou, en tranches fines
15 cl de bouillon de poule
1 cuillère à soupe de nuoc-mâm
une grosse pincée de sel
une grosse pincée de sucre
1 cuillère à café de maïzena
1 cuillère à soupe d'eau

Placez les champignons dans un bol. Couvrez d'eau tiède et laissez tremper 15 minutes. Égouttez soigneusement. Jetez les pieds et coupez les chapeaux en deux.

Chauffez l'huile dans une grande poêle à frire, et faites sauter le gingembre 1 minute pour parfumer l'huile. Ajoutez les pousses de bambou et les champignons, et laissez cuire 1-2 minutes.

Versez le bouillon et assaisonnez avec le nuoc-mâm, le sel et le sucre. Remuez bien. Portez à ébullition, baissez le feu et laissez mijoter 2 minutes en remuant sans cesse.

Délayez la maïzena avec l'eau dans une tasse. Versez dans la poêle et laissez cuire en remuant sans cesse jusqu'à ce que la crème épaississe. Servez aussitôt.

Champignons parfumés à la citronnelle

Nâm Dông Cô Xâo Xa

huile de friture
3 gros cubes de pâte de soja (tofu)
4 cuillères à soupe d'huile
1 oignon haché grossièrement
1 feuille de citronnelle, hachée
200 g de champignons parfumés ayant trempé
dans de l'eau, égouttés, en lamelles
1 cuillère à soupe de sauce soja
une pincée de sucre
une pincée de glutamate de sodium (facultatif)
3 cuillères à soupe de cacahouètes grillées
feuilles fraîches variées (par exemple, romaine,
menthe, coriandre et basilic), pour accompagner

Chauffez l'huile de friture dans une friteuse et mettez-y le tofu à dorer. Égouttez et réservez.

Chauffer l'huile à feu modéré dans une grande poêle à frire et mettez-y l'oignon à dorer. Ajoutez la citronnelle, les champignons et le tofu. Assaisonnez avec la sauce soja, le sucre et le glutamate de sodium. Laissez cuire 2 minutes en remuant.

Servez chaud, saupoudrez de cacahouètes et accompagnez de feuilles fraîches variées.

Tofu à la vapeur

Dâu Hu Hâp

4 gros cubes de pâte de soja (tofu)
20 g de pâte de soja (tofu) séchée
20 g de vermicelles de soja
1 cuillère à café de sel et de poivre mélangés
une pincée de glutamate de sodium (facultatif)
1 cuillère à soupe d'huile

Sauce tomate :
1/2 cuillère à soupe de maïzena
3 cuillères à soupe d'eau
1 cuillère à café de concentré de tomate
une grosse pincée de sel

Faites blanchir les cubes de soja dans de l'eau chaude. Égouttez et laissez sécher. Mettez le tofu séché et les vermicelles à tremper dans de l'eau 30 minutes, puis hachez-les grossièrement.

Pendant ce temps, préparez la sauce. Mélangez tous les ingrédients dans une petite casserole et remuez bien, puis portez à ébullition sans cesser de remuer. Laissez cuire 2 minutes à feu doux.

Avec une fourchette, réduisez les cubes de tofu en purée dans un saladier. Ajoutez les autres ingrédients et remuez bien. Versez dans un pot en terre et couvrez d'un film alimentaire. Faites cuire à la vapeur 15 minutes. Transférez dans un plat de service chaud. Réchauffez la sauce tomate s'il y a lieu et versez-la sur le plat. Servez aussitôt.

Salade verte vietnamienne

Rau Trôn

1 grosse laitue
feuilles de menthe
feuilles de coriandre
1 concombre

Séparez les feuilles de laitue et placez-les au centre d'un plat de service. Disposez les feuilles de menthe et de coriandre tout autour.

Épluchez le concombre en fines lamelles pour obtenir une décoration attrayante, et coupez le concombre en deux. Épépinez les deux moitiés et coupez-les en demi-lunes. Disposez-les sur le bord du plat en les faisant se chevaucher et servez.

55

Salade de méduse

Nôm Sua

250 g de méduse séchée
2 concombres, coupés en deux puis émincés
6 carottes, en rondelles fines ou râpées
1 cuillère à soupe de sel
12 cl d'eau
2 blancs de poulet cuit, en tranches fines
quelques feuilles de menthe fraîche
quelques feuilles de coriandre fraîche, hachées
2 cuillères à soupe de nuoc-mâm giam (voir page 14)
2 cuillères à soupe de cacahouètes grillées,
concassées
beignets de crevettes, pour servir

Coupez la méduse en tranches de 8 mm de large et 5 cm de long. Placez-la dans un grand saladier et couvrez d'eau chaude. Laissez tremper 10 minutes et égouttez. Rincez à l'eau froide, égouttez et laissez sécher.

Pendant ce temps, placez les légumes dans un grand saladier. Ajoutez le sel et l'eau. Laissez tremper 15 minutes en pressant les légumes de temps à autre pour les imprégner d'eau salée. Égouttez.

Séchez les légumes dans un torchon propre, par petite quantité, jusqu'à ce qu'ils soient tous secs. Transférez-les dans un saladier.

Ajoutez la méduse, le poulet, la menthe et la coriandre. Versez le nuoc-mâm giam. Mélangez bien tous les ingrédients, saupoudrez de cacahouètes grillées et servez aussitôt avec des beignets de crevettes.

Salade de poulet

Goi Gâ

1/2 chou blanc (assez gros), en lanières
de 4 cm de long
2 cuillères à café de sel
2 cuillères à soupe de jus de citron
quelques feuilles de coriandre fraîche, hachées
quelques feuilles de menthe fraîche, hachées
2 cuillères à soupe de sauce nuoc-mâm giam
(voir page 14)
2 blancs de poulet cuits, en tranches fines
1 grosse cuillère à soupe de cacahouètes grillées,
concassées

Placez le chou dans un grand saladier avec le sel et le jus de citron, et couvrez d'eau. Laissez tremper 15 minutes. Égouttez en pressant le chou à la main pour exprimer le plus de liquide possible.

Transférez-le dans un grand saladier et ajoutez la coriandre et la menthe. Remuez bien. Ajoutez le nuoc-mâm giam.

Disposez dans un grand plat, recouvrez de poulet, saupoudrez de cacahouètes et servez.

Salade mixte

Thit Bô Gia Lôi Chay

250 g de romsteck, en lamelles fines
15 cl de vinaigre de vin ou de cidre
250 g de tripes fraîches
45 cl de lait et d'eau mélangés
1/2 radis noir épluché, en lamelles fines
250 g de germes de soja
2 feuilles de citronnelle en petits morceaux
sel et poivre noir fraîchement moulu
1 poivron rouge, épépiné, en lanières
1 petit oignon, épluché, en rondelles
quelques feuilles de romaine, en lanières

56

Sauce :
3 gousses d'ail non épluchées
3 échalotes non épluchées
un morceau de gingembre, épluché et haché
2 cuillères à soupe de nuoc-mâm
cassonade, selon votre goût
jus de citron vert
6 cuillères à soupe de cacahouètes grillées,
concassées

Placez le bœuf dans un plat creux et couvrez-le de vinaigre. Laissez mariner 30 minutes, puis égouttez le bœuf et séchez-le avec du papier absorbant. Réservez la marinade.

Faites cuire des tripes dans le mélange d'eau et de lait 45 minutes, ou jusqu'à ce qu'elles soient tendres au couteau. Égouttez-les et coupez-les en tranches fines.

Pour la sauce, faites griller l'ail et les échalotes avant de les éplucher. Pilez-les avec le gingembre dans un mortier et ajoutez la marinade. Faites cuire à feu doux 2 minutes. Ajoutez la nuoc-mâm, la cassonade, le jus de citron et 4 cuillères de cacahouètes ; remuez bien et ajoutez un peu d'eau pour rendre le mélange plus fluide.

Mélangez le bœuf et les tripes avec le radis, les germes de soja et la citronnelle. Assaisonnez et disposez sur un plat de service. Saupoudrez du reste de cacahouètes, de poivron et d'oignon. Entourez de romaine et servez, accompagné de sauce.

Salade de poulet et salade de méduse

Desserts

La notion de dessert n'existe pas au Viêt-nam : les plats de viande et de poisson contiennent en effet des saveurs sucrées et le palais n'a pas besoin de dessert en fin de repas. En revanche, les Vietnamiens consomment tout au long de la journée ou même entre les plats de délicieuses friandises, légères et rafraîchissantes, qui sont en général à base de fruits. Comme dans le reste de la cuisine vietnamienne, l'esthétique du plat joue un rôle crucial, comme en témoigne par exemple la salade de fruits exotiques, dressée sur de la glace pilée, présentée page 60.

58

Gelée d'agar-agar

Thach

10 g de brins d'agar-agar
eau (voir recette)
6 cuillères à soupe de sucre
5 gouttes d'essence de banane
glace pilée

Placez l'agar-agar dans un saladier, couvrez d'eau bouillante et laissez tremper 1 heure au moins.

Mélangez 5 cuillères à soupe de sucre et 25 cl d'eau dans une petite casserole. Portez à ébullition sans cesser de remuer jusqu'à ce que le sucre soit dissous. Laissez bouillir 2 minutes sans remuer, et ajoutez 3 gouttes d'essence de banane. Laissez refroidir.

Égouttez l'agar-agar et mettez-le dans une casserole avec 60 cl d'eau. Portez à ébullition, baissez le feu et laissez mijoter 30 minutes, sans cesser de remuer, ou jusqu'à ce qu'il soit dissous. Ajoutez le reste de sucre et d'essence de banane. Versez dans un moule et laissez refroidir. Puis mettez à raffermir au réfrigérateur.

Lorsque la gelée est bien ferme, coupez-la en bâtonnets. Répartissez-les dans quatre coupes, couvrez de glace et versez 2-3 cuillères à café de sirop de banane dans chaque coupe. Mélangez bien et servez.

Bananes au lait de coco

Chuôi Dûa

3 cuillères à soupe de tapioca
8 bananes fermes, pelées
60 cl de lait de coco (voir Boulettes d'anguille page 23)
sucre de canne ou de palme
quelques gouttes d'essence de vanille
1-2 cuillères à soupe de cacahouètes grillées,
concassées

Portez une casserole d'eau à ébullition et faites cuire le tapioca en remuant jusqu'à ce qu'il devienne transparent. Égouttez, rincez, et réservez.

Coupez les bananes en quatre. Mettez-les dans une casserole à fond épais et couvrez de lait de coco. Sucrez à votre goût et faites cuire à feu doux, en remuant, jusqu'à ce que la sauce épaississe. Ajoutez l'essence de vanille. Servez chaud, saupoudré de cacahouètes.

Beignets de fruits et gelée d'agar-agar

59

Beignets de fruits

Chuôi Ua Thom Chiên Giôn

huile de friture
4 bananes
4 tranches d'ananas fraîches ou en boîte
sucre glace

Pâtes :
50 g de farine contenant de la levure
150 g de farine ordinaire
une pincée de levure chimique
une pincée de sel
2 cuillères à café d'huile
eau (voir recette)
1 blanc d'œuf, battu en neige très ferme

Commencez par préparer la pâte : dans un grand saladier, mélangez les farines, la levure, le sel et l'huile. Ajoutez suffisamment d'eau pour obtenir une pâte onctueuse. Incorporez délicatement le blanc d'œuf.

Chauffez l'huile dans une friteuse.

Pendant ce temps, pelez les bananes et coupez-les en deux dans le sens de la longueur. Égouttez les tranches d'ananas sur du papier absorbant. Trempez rapidement les fruits dans la pâte et plongez-les dans le bain de friture chaud, plusieurs à la fois, pour les faire gonfler et dorer. Ne faites pas frire trop de beignets à la fois car la température de l'huile risque de baisser et de donner de mauvais résultats.

Égouttez les beignets sur du papier absorbant, saupoudrez de sucre glace et servez aussitôt.

Note : vous pouvez aussi utiliser des tranches de pomme épaisses.

60

Salade de fruits exotiques

Avocat frappé au lait concentré

Bo Tron Sua

4 avocats bien mûrs
2 cuillères à café de sucre
glace pilée
4 cuillères à soupe de lait concentré

Coupez les avocats en deux, dénoyautez-les et placez-la chair dans un saladier. Ajoutez le sucre et réduisez-la en purée à la fourchette, ou en utilisant un mixeur.

Remplissez quatre grandes coupes de purée d'avocat et de glace pilée en vous arrêtant à 4 cm du bord et mélangez bien. Versez 1 cuillère à soupe de lait dans chacune d'entre elles et servez aussitôt.

Chacun mélangera l'entremet avant de le déguster.

Salade de fruits exotiques

Hoa Qua Tuoi

1 part de pastèque, épépinée
450 g de jaques en boîte, égouttés
1 papaye, en gros morceaux
300 g de litchis en boîte, égouttés
450 g de longanes en boîte, égouttés
100 g de dattes fraîches
2 cuillères à soupe de raisins secs
glace pilée
crème fraîche et feuilles de menthe, pour servir

Sirop :
250 g de sucre
35 cl d'eau

Commencez par préparer le sirop : dans une petite casserole à fond épais, mélangez le sucre et l'eau. Portez à ébullition en remuant jusqu'à ce que le sucre soit dissous. Faites bouillir 2 minutes sans remuer. Laissez refroidir hors du feu, puis mettez au réfrigérateur jusqu'au moment de servir.

Coupez la chair de la pastèque en dés ou en boules et les jaques en quatre. Mettez-les dans un saladier avec les autres fruits et mélangez délicatement. Mettez le tout au réfrigérateur.

Juste avant de servir, empilez la glace au centre d'un grand plat. Couvrez des fruits et arrosez de sirop. Décorez de menthe et servez accompagné de crème fraîche.

Note : pour réussir ce dessert, simple mais spectaculaire, utilisez des fruits et du sirop très froids. Vous pouvez aussi combiner d'autres fruits (par exemple melon, papaye, litchis, longanes, banane, ananas et kiwis) et remplacer le sirop par du sirop de grenadine.

Mousse de haricots jaunes

Chê Dâu Dông Lanh

250 g de haricots jaunes rincés, ayant trempé
toute une nuit dans de l'eau froide
15 cl de lait
30 cl de crème fraîche
50 g de sucre brun
2 cuillères à soupe de vin blanc sec
quelques gouttes d'essence de vanille
2 kiwis, épluchés, en purée
1 kiwi, épluché, en rondelles

Égouttez les haricots et rincez-les à l'eau froide. Placez-les dans une grande casserole et couvrez d'eau froide. Portez à ébullition en couvrant à moitié la casserole, puis baissez le feu et laissez mijoter 45-60 minutes jusqu'à ce que les haricots soient tendres. Égouttez soigneusement.

Mettez-les dans un robot de cuisine et réduisez-les en purée. Ajoutez le lait et la moitié de la crème pour obtenir un mélange épais. Incorporez le sucre, le vin et l'essence de vanille. Versez dans des coupes individuelles ou dans un saladier, couvrez et laissez refroidir au réfrigérateur.

Avant de servir, nappez uniformément l'entremet de marmelade de kiwis. Décorez avec le reste de crème, fouetté. Ajoutez les rondelles de kiwi et servez.

61

Bouillie de maïs

Chê Bap

500 g d'épis de maïs crus
1 l d'eau
100 g de riz gluant cru
300 g de sucre environ
une petite pincée de sel
20 cl de lait de coco (voir Boulettes d'anguille page 23)
crème fraîche ou crème de noix de coco, pour servir

Râpez le maïs et jetez les épis. Placez le maïs dans une casserole avec l'eau et le riz. Portez à ébullition, puis laissez mijoter à feu doux jusqu'à ce que le riz ramollisse.

Ajoutez peu à peu le sucre en remuant. Goûtez souvent car tout le sucre n'est pas forcément nécessaire. Remuez bien et ajoutez le sel. Hors du feu, versez le lait en remuant bien.

Servez chaud, nappé de crème.

Entremet aux haricots jaunes

Chê Dâu Xanh

250 g de haricots jaunes, lavés
4 cuillères à soupe de tapioca
100 g de sucre environ
quelques gouttes d'essence de vanille
lait de coco (voir Boulettes d'anguille page 23),
pour servir

Laissez tremper les haricots dans de l'eau tiède à couvert 6-8 heures (de préférence toute une nuit).

Égouttez-les et placez-les dans une casserole à fond épais. Couvrez-les d'eau (ils doivent se trouver 5 cm environ sous la surface), portez à ébullition et laissez frémir 20-30 minutes jusqu'à ce qu'ils soient tendres.

Pendant ce temps, portez une casserole d'eau à ébullition, et mettez le tapioca à cuire sans cesser de remuer jusqu'à ce qu'il devienne transparent. Égouttez dans un chinois, rincez soigneusement et réservez.

Égouttez les haricots et réduisez-les en purée dans un mixeur ou dans un robot de cuisine pendant qu'ils sont encore chauds.

Mettez la purée dans une casserole propre, couvrez tout juste d'eau et portez à ébullition. Baissez le feu et laissez mijoter 2 minutes en remuant. Ajoutez le sucre, le tapioca et l'essence de vanille. Faites mijoter le tout en remuant jusqu'à ce que vous obteniez un mélange onctueux et velouté. S'il est trop épais, rajoutez de l'eau (1 cuillère à soupe à la fois).

Servez chaud ou froid, arrosé de lait de coco.

Boulettes aux graines de sésame

Dâu Xanh Vûng

Farce :
100 g de haricots jaunes
18 cl d'eau
100 g de sucre

Pâte :
225 g de farine de riz gluant
1 cuillère à café de levure chimique
une grosse pincée de sel
100 g de sucre
2 pommes de terre moyennes cuites à l'eau,
épluchées, en purée
12 cl d'eau bouillante

Pour terminer :
50 g de graines de sésame
huile de friture

Commencez par préparer la farce. Rincez bien les haricots à l'eau froide. Mettez-les dans une casserole avec l'eau et portez à ébullition. Baissez le feu, couvrez et laissez mijoter 30 minutes, ou jusqu'à ce que les haricots aient absorbé toute l'eau et soient tendres et secs. Hors du feu, réduisez-les en purée. Ajoutez le sucre et remuez bien.

Préparez ensuite la pâte. Mettez tous les ingrédients dans un grand saladier, sauf l'eau. Remuez bien et versez peu à peu l'eau bouillante. Malaxez jusqu'à ce que le mélange forme une boule lisse.

Roulez 2 cuillères à soupe de pâte en boule et étalez-la pour former un cercle de 7-8 cm. Placez 1 cuillère à café de farce au centre et rabattez les bords de façon à recouvrir la farce. Procédez ainsi jusqu'à épuisement des ingrédients (vous devriez obtenir environ 12 boulettes). Réservez les boulettes.

Chauffez une casserole à fond épais et faites dorer les graines de sésame en remuant. (Il est essentiel d'utiliser une casserole très chaude car les graines risqueraient de devenir graisseuses et de ne pas attacher à la pâte).

Placez les graines sur une assiette ou un morceau de papier sulfurisé. Roulez-y les boulettes pour les enrober de graines de sésame.

Faites cuire les boulettes dans l'huile, plusieurs à la fois, 10 minutes, ou jusqu'à ce qu'elles dorent et qu'elles soient bien cuites. Sortez-les et égouttez-les sur du papier absorbant. Servez aussitôt.

Galette de banane

Banh Chuôi

6 bananes, pelées
20 cl d'eau
20 cl de lait de coco
(voir Boulettes d'anguille page 23)
200 g de farine
100 g de sucre
crème fraîche, pour servir (facultatif)

Coupez les bananes en tranches de 1 cm d'épaisseur. Mettez-les dans une casserole avec l'eau. Portez à ébullition et faites mijoter jusqu'à ce que l'eau réduise de trois quarts. Laissez refroidir.

Mélangez le lait, la farine et le sucre. Ajoutez le mélange de banane et d'eau et remuez bien.

Transférez dans un récipient en terre et faites cuire 30 minutes à la vapeur dans une cocotte à vapeur. Servez chaud ou froid avec de la crème.

Sauces

Les sauces suivantes sont généralement servies en petites quantités avec chaque plat. Elles constituent aussi d'excellents assaisonnements dont vous pourrez vous servir pour préparer des plats vietnamiens de votre propre composition ou pour relever de nombreux plats occidentaux.

Sauce aux anchois

Mam Nêm

2 gousses d'ail
2 piments
65 g d'anchois en boîte, égouttés
2-3 cl de vinaigre
jus de 2 citrons
1 cuillère à café de sucre
1 tranche d'ananas, hachée
une pincée de glutamate de sodium (facultatif)

Pilez l'ail et les piments dans un mortier. Pilez ensuite les anchois et mélangez le tout dans un saladier. Ajoutez les autres ingrédients et mélangez de nouveau.

Cette sauce accompagne bien les rouleaux de printemps et les mets enveloppés de papier de riz.

Sauce à l'essence de maengdana

Nuoc Mam Câ Cuông

2 piments
1 cuillère à café de sucre
2-3 cl de vinaigre ou de jus de citron
10 cl de nuoc-mâm
18 cl d'eau
5 gouttes d'essence de pantainorasen maengdana

Pilez les piments dans un mortier et ajoutez le sucre. Juste avant de servir, incorporez le vinaigre, le nuoc-mâm, l'eau et l'essence. Remuez bien.

Sauce au gingembre

Nuoc Mam Gûng

25 g de gingembre
2 gousses d'ail
2 piments
1 cuillère à café de sucre
2-3 cl de vinaigre ou de jus de citron
10 cl de nuoc-mâm

Épluchez le gingembre, râpez-le puis laissez-le tremper dans de l'eau 30 minutes pour l'adoucir. Égouttez bien et pressez-le pour exprimer l'eau qu'il contient. Pilez avec l'ail et les piments dans un mortier. Ajoutez le sucre et remuez bien. Juste avant de servir, ajoutez le vinaigre et le nuoc-mâm. Remuez bien.

Sauce à l'ail et au vinaigre

Nuoc Mam Giâm

4 gousses d'ail
2 piments
5 cl de vinaigre
2 cuillères à café de sucre
jus de 1 citron
10 cl de nuoc-mâm
9 cl d'eau

Pilez l'ail et les piments dans un mortier et ajoutez le vinaigre et le sucre. Remuez bien. Juste avant de servir, versez le jus de citron, le nuoc-mâm et l'eau. Remuez bien.

63

Index